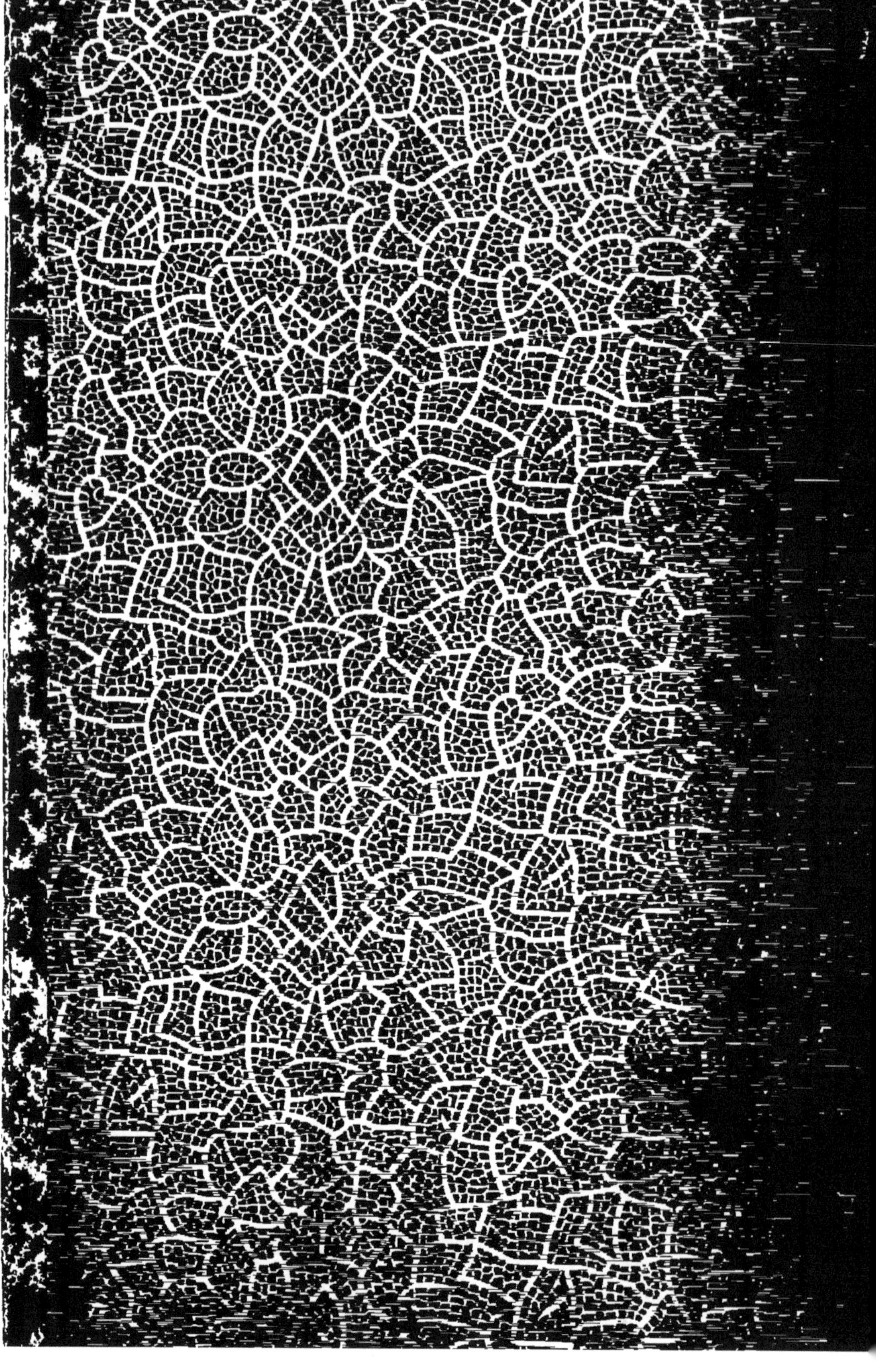

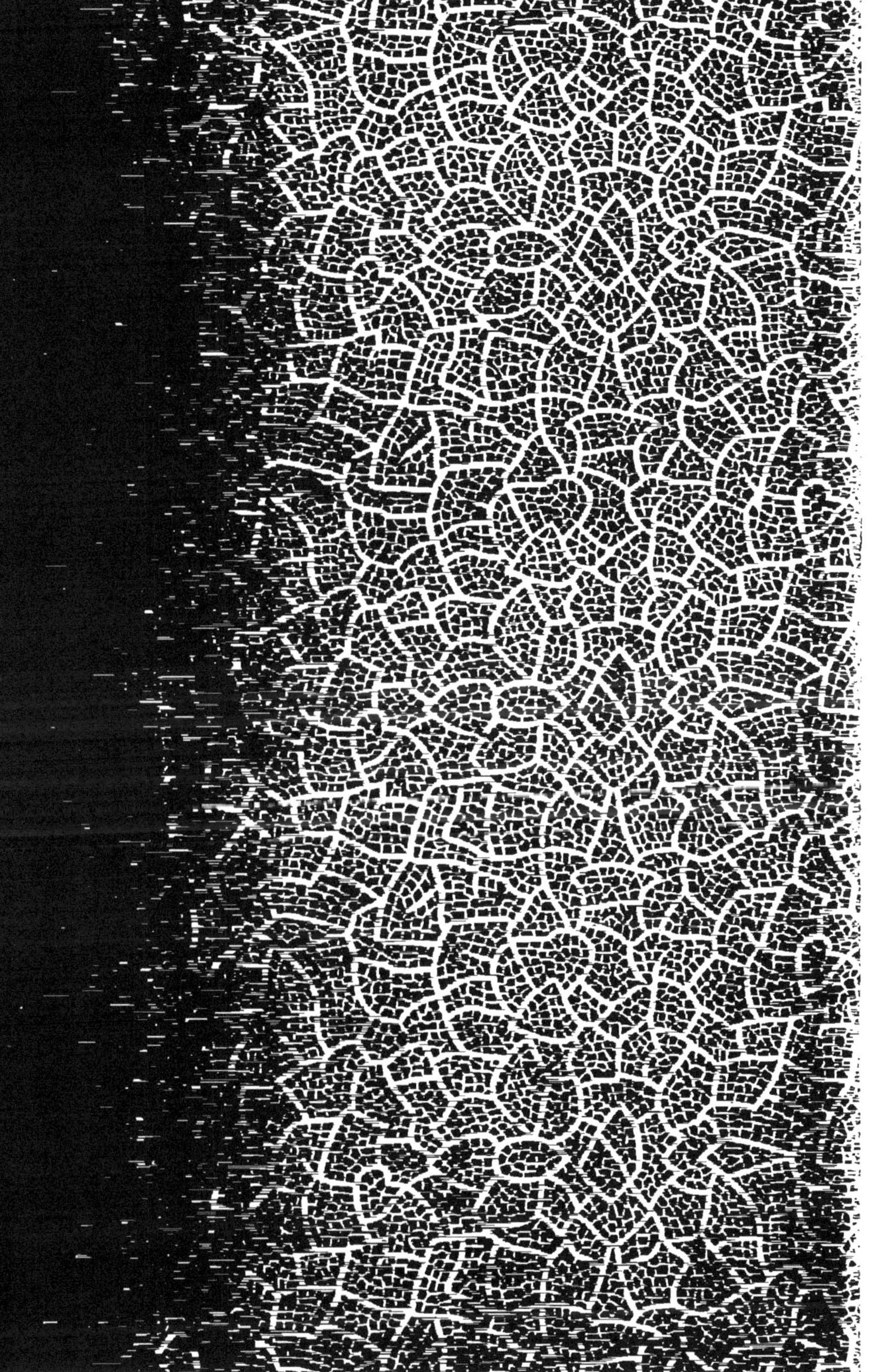

NICOLAS POUSSIN

ÉTUDE BIOGRAPHIQUE

PAR L. POILLON

LIBRAIRIE DE J. LEFORT

LILLE
rue Charles de Muyssart
près l'église N.-Dame

PARIS
rue des Saints-Pères, 30
J. Mollie, libr.-gérant

N° 351.
3e livraison
1868

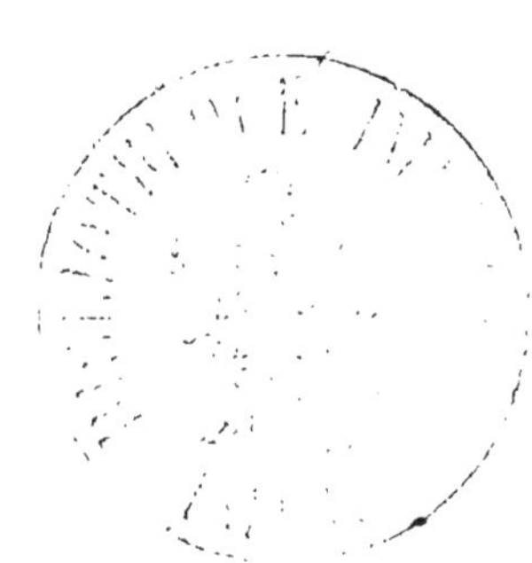

NICOLAS POUSSIN

In-12. 3e série *bis*.

A LA MÊME LIBRAIRIE :

En envoyant le prix en un mandat ou timbres-poste on reçoit franco.

HISTOIRE — BIOGRAPHIE

Format in-8°

Prélats les plus illustres. 2 50
Modèles dans le sacerdoce. 2 50
Poëtes les plus célèbres. 2 50
Musiciens les plus célèbres. 2 50
Le Cardinal Wiseman. 2 50
Le P. Lacordaire. 2 50

Format in-12

Guerriers les plus célèbres. » 85
Hommes d'état » 85
Magistrats les plus célèbres. » 85
Marins les plus célèbres. » 85
Architectes les plus célèb. » 85
Médecins les plus célèbres. » 85
Peintres les plus célèbres. » 85
Artisans les plus célèbres. » 85
Constantin le Grand. » 75
Théodose. » 85
Charlemagne. » 75
Philippe Auguste. 1 »
Godefroi de Bouillon. 1 »
Du Gueselin. 1 »
Clisson, connétable. » 75
Charles de Blois. » 75
Aubusson (Pierre d'). » 85
Christophe Colomb. » 85
Louis XII, roi de France. 1 »
François Ier, roi de France. 1 »
Bayard. » 85
Henri IV, roi de France. 1 »
Crillon. 1 »
Pierre Corneille. » 75
Turenne. » 85
Colbert. » 75
Racine (Jean). » 75
Jean Bart. » 75
Villars (le maréchal de). » 75
Louis XIV, roi de France. 1 »
Napoléon. 1 »
Stanislas, roi de Pologne. 1 »
Haydn. » 60
Mozart. » 75
Silvio Pellico. » 75
Bérulle (le cardinal de). » 85
Brydayne, missionnaire. 1 »
Fénelon. 1 »
Bossuet. 1 »
Michel Ange. » 75
Raphaël. » 75
Fernand Cortez. » 75
D'Aguesseau, chancelier. » 75
De la Motte, év. d'Amiens. » 85
Desgenettes curé N. D. Vict. » 75
Vianney, curé d'Ars. » 75
Jean Reboul. » 60
Le P. Lacordaire. » 75
La Moricière (le gén. de) » 85
Marguerite de Lorraine. » 75
Maintenon (Mme de). » 85
Marie Leczinska, r. de Fr. 1 »
Marie-Antoinette, r. de Fr. 1 »
Sombreuil (Melle de). » 75

Format in-18

Jeanne d'Arc. » 60
Thomas Morus. » 30
Fisher, év. de Rochester. » 30
Charles le Bon, c. de Fl. » 60
Claver, apôtre des nègres. » 30
Eudes (le P.), fond. d'ordre. » 30
Sobieski. » 30
Boufflers (le maréchal de). » 30
Louis XVI. » 60
Drouot, général. » 30
Daniel O'Connell. » 30
Louis XVII. » 60
Hohenlohe (le pr. A. de). » 30
Affre (Mgr), arch. de Paris. » 30
Lafeuillade, soldat. » 30
Cheverus (le cardinal de), archevêque de Bordeaux. » 30
Chateaubriand. » 30

J. Lefort Editeur

Lith. Boldoduc fr. à Lille

NICOLAS POUSSIN

NICOLAS
POUSSIN

ÉTUDE BIOGRAPHIQUE

PAR L. POILLON

C'est avoir profité que de savoir s'y plaire.
(BOILEAU : *Art poétique*, liv. III.)

LIBRAIRIE DE J. LEFORT
IMPRIMEUR ÉDITEUR

LILLE
rue Charles de Muyssart
PRÈS L'ÉGLISE NOTRE-DAME

PARIS
rue des Saints-Pères, 30
J. MOLLIE, LIBRAIRE-GÉRANT

AVANT-PROPOS

« Pourquoi publier la *Vie de Poussin*, c'est-à-dire d'un peintre, dans une *bibliothèque catholique?* » me demandait une personne.

Nous croyons devoir communiquer au lecteur notre réponse à cette question.

On ne doit pas seulement trouver dans une *bibliothèque catholique* tout ce qui est propre soit à édifier soit à éclairer sur les objets qui se rattachent plus ou moins directement à la religion. Ce but, quelque louable qu'il fût, serait trop exclusif. Il faut encore y trouver que les croyances et les idées religieuses ont, *en droit*, toujours dû exercer une influence décisive sur les développements de l'esprit humain, et *en fait*, que tous les hommes illustres ont puisé à cette source leurs plus nobles inspirations.

Nous n'entendons pas comparer ici les sentiments de l'auteur des *Sept Sacrements*, à ceux d'un Murillo qui se préparait par la prière et la communion à la composition de ses tableaux, ni à la piété d'un Ange de Fiesole ou d'un Barthélemi della Porta ; mais il n'en est pas moins juste de rendre hommage aux artistes qui, comme Nicolas Poussin, ont justifié de la sincérité de leurs convictions religieuses par leur vie, par leur mort, par l'ensemble de leurs œuvres.

C'est avec cette pensée que nous avons tâché, dans cette modeste étude sur le véritable chef de l'école française, de faire connaître et l'homme et le peintre : puissions-nous avoir réussi !

LE POUSSIN

CHAPITRE I

Naissance et jeunesse de Poussin.

Celui qui devait être quelque temps surnommé *le peintre des gens d'esprit*, et auquel la postérité n'a pas craint de décerner, après d'autres, le titre plus glorieux de *Raphaël de la France*, naquit aux Andelys (Eure), au château de Villers, en un lieu appelé aujourd'hui encore *clos Poussin*, le 16 juin 1594. Jean Poussin, son père, était un gentilhomme originaire de Soissons, qui s'occupait à réparer les brèches considérables que le métier des armes avait faites à la fortune de sa famille sous les règnes de Charles IX, de Henri III et de Henri IV. Il avait épousé Marie Delaisement, veuve d'un sieur Lemoine, procureur à Vernon. C'est de ce mariage que naquit Nicolas Poussin [1].

Comme presque toujours, chacun des parents avait sur le jeune Nicolas des vues tout à fait différentes. Pénétré des traditions de la noblesse, le père voulait faire de son fils un vaillant homme de guerre, capable

[1] Disons ici, pour ceux qui aiment à suivre le plus loin possible les traces des grands hommes, que la famille de Poussin est depuis longtemps éteinte aux Andelys. Cependant on croit que les *Delaisement*, qui y sont encore nombreux, sont par sa mère, née *Delaisement*, des parents éloignés du célèbre peintre.

de relever sa maison ; tandis que la châtelaine, mue par d'autres sentiments, n'aspirait qu'à le voir entrer dans la carrière ecclésiastique. Ni l'un ni l'autre ne devait atteindre au terme de ses vœux : la Providence avait d'autres desseins.

Malgré la modicité de leurs ressources, les parents firent d'abord suivre au jeune homme le cours ordinaire des études, et il y montra les heureuses dispositions dont le Ciel l'avait doué. Mais il ne tarda point à laisser percer un tel goût pour le dessin, que, durant les leçons de ses maîtres, il ne cessait, en dépit de toutes leurs réprimandes, de crayonner, sur les marges de ses livres ou sur les murs de la classe, des portraits et des figures, même de peindre des fleurs, des arbres, des oiseaux, en un mot tous les objets qui frappaient ses regards. On sait que ce sont souvent de pareils symptômes qui trahissent la vocation de ceux que

Dieu destine à la culture des beaux-arts.

En cet état de choses, Quentin Varin, peintre d'Amiens, qui jouissait d'une grande réputation en Normandie, ayant été chargé de restaurer le château de Vernon, fit aux Andelys mêmes la rencontre du père de Nicolas. Quand il vit les ébauches de l'enfant, il y découvrit aussitôt, avec ce tact qu'ont habituellement les vrais artistes, le germe d'un talent si précoce et si extraordinaire, qu'il se plut à donner des soins tout particuliers à un élève dont il pressentait l'avenir. Les progrès de celui-ci surpassèrent tellement les espérances du maître, que, connaissant la gêne à laquelle était réduite la famille de Poussin, Varin n'hésita point à l'engager à faire de lui un peintre.

Après avoir vainement tenté de résister à cet avis, les parents s'y soumirent comme à une sentence, et dès 1612, le jeune Nicolas, à qui Varin n'avait plus rien à apprendre, dit adieu à la petite ville où s'était écoulée son enfance, et partit pour la capitale, riche de toutes les illusions de son âge, et décidé à marcher d'un pas ferme dans la voie qui lui était ouverte.

Les beaux-arts avaient subi une éclipse momentanée sous les derniers Valois. Ni Jean Cousin ni Martin Fréminet n'avaient formé d'école, et Simon Vouet travaillait alors à Rome. Ferdinand Elle, de Malines, habile peintre de portraits, et Lallemant, artiste lorrain, qui s'essayait aux compositions historiques, eurent quelque temps le jeune artiste dans leurs ateliers. Mais, malgré sa modestie, Poussin dut bientôt reconnaître que loin de pouvoir le guider, ses nouveaux maîtres lui étaient inférieurs; si bien qu'au lieu des moyens de parvenir à fortune et surtout à la gloire, ce fut la misère qu'il rencontra.

Le jeune peintre n'était pas homme à

se laisser abattre par les difficultés, quelles qu'elles fussent; il s'obstinait au contraire à lutter contre elles avec un courage égal à son ardeur. S'il sortait de la pauvre chambre qui lui servait d'atelier, c'était pour aller étudier la nature. Dans une de ses excursions à travers la campagne, il fit la connaissance d'un jeune Poitevin, avec lequel il contracta une liaison étroite, d'autant plus volontiers que ce gentilhomme était un amateur de peinture. Ce précieux ami lui rendit les plus grands services et lui procura d'excellentes relations. Ainsi il le mit en rapport avec un sieur Courtois, mathématicien aux galeries du Louvre, possesseur d'une collection des estampes les plus rares de Marc-Antoine, reproduisant les compositions de Raphaël et de Jules Romain, et même de plusieurs dessins originaux de ces deux maîtres. Courtois mit ce trésor à la disposition du jeune peintre, qui dès lors ne cessa d'étudier ces gravures où se révélaient à son admiration l'exquise pureté du dessin et la grâce incomparable du premier, ainsi que le feu et la fierté du second : ce fut là réellement sa première école et la source où il puisa, suivant Bellori, « le lait de la peinture et la vie de l'art. »

Le gentilhomme poitevin fut, quelque temps après, rappelé par sa famille ; et il sut décider Nicolas à l'accompagner, en lui assurant que sa mère serait enchantée de le recevoir et heureuse de faire décorer son château par un véritable artiste. Poussin consentit par reconnaissance à suivre son jeune protecteur ; mais la châtelaine, loin de l'accueillir avec cette bienveillance sur laquelle il comptait, eut l'air de ne considérer et de ne traiter le peintre que comme un simple domestique. Une pareille conduite excita les justes susceptibilités du noble jeune homme ; il ne profita que pendant quelques jours d'une hospitalité qu'on lui faisait payer si cher, et se dirigea de nouveau vers Paris. Chemin faisant, il frappait, trop souvent en vain, à la porte des châteaux et des couvents; il peignait des paysages, voire même des enseignes ou des portraits, à l'occasion ; il était bravement, par résignation, descendu *au métier!* Mais qu'il ait travaillé en Bretagne, comme on l'a prétendu à la légère, parce que l'on a cru reconnaître, dans des paysages trouvés à Clisson, la manière du grand artiste, c'est ce qui ne paraît guère probable; car ces sites étaient trop écartés de la route de notre pauvre voyageur pour qu'il pût les visiter en passant. On sait seulement qu'il fit, à son retour, quelques peintures pour le château du comte de Chiverny, aux environs de Blois, et deux tableaux pour l'église des Capucins de cette ville.

C'est un spectacle à la fois douloureux

et solennel que celui du génie aux prises avec la souffrance, avec la pauvreté, avec toutes sortes d'autres épreuves, par lesquelles il semble devoir en quelque sorte expier d'avance la gloire que lui décerne une tardive postérité. Quand on parcourt la vie des hommes célèbres à divers titres, surtout des poëtes ou des artistes, si l'on s'y arrête quelques instants avec un intérêt sincère, il est difficile qu'on ne se laisse pas envahir par une profonde émotion, et qu'on ne finisse par s'écrier : « Voilà donc ce que coûte le génie! » Quelle est donc cette force mystérieuse et souveraine qui le soutient au milieu de ses défaillances? quel est le guide invisible, mais toujours présent, qui le mène à son but à travers tous les obstacles? Ah! n'en doutons pas, c'est la Providence!

A peine Poussin fut-il de retour à Paris, qu'une maladie causée par la fatigue et l'épuisement le rappela dans sa ville natale, où il espérait recouvrer ses forces. Durant sa convalescence, il endura mille privations, et quand il fut rétabli, pour ne pas mourir de faim, il se vendit à des recruteurs; mais ses souffrances l'avaient tellement affaibli qu'il fut déclaré impropre au service militaire. Le noble jeune homme, retombé dans ses perplexités, ne perdit néanmoins pas courage. Heureux malgré tout d'avoir recouvré sa liberté et son pinceau, il chercha de l'ouvrage, encore une fois à Paris, avec tant de persistance, qu'il finit par en trouver. Puis, sur le médiocre salaire qu'il touchait, il se mit à prélever chaque jour une partie qui devait peu à peu s'accroître jusqu'à ce que son pécule lui fournît le moyen d'aller étudier les chefs-d'œuvre de l'Italie; car c'était là un projet auquel il était impossible à Poussin de renoncer. Déjà son petit trésor s'arrondissait;

déjà il calculait l'époque de son départ, quand il s'aperçut, un beau matin, qu'on lui avait volé la bourse sur laquelle reposaient toutes ses espérances.

Ce fâcheux incident, qui semblait devoir le jeter dans un complet découragement, ne servit qu'à tremper son caractère, à grandir son talent et à en hâter la maturité.

Poussin recommença avec plus d'ardeur à travailler et à économiser, jusqu'à ce qu'il pût enfin entreprendre le voyage tant désiré. Il se mit en route ; mais parvenu à Florence, des circonstances que nous ignorons ne lui permirent pas de pousser jusqu'à Rome et le forcèrent de regagner encore Paris.

Moins de deux ans après, vers 1622, nous le retrouvons à Lyon, nourrissant toujours l'espoir de visiter la ville éternelle. Il dut rester à Lyon jusqu'à ce qu'il se fût acquitté, en livrant des tableaux, de la dette qu'il avait contractée envers un marchand.

Puis, pressé par l'impérieuse nécessité de satisfaire aux exigences de la vie, notre jeune homme partit de nouveau pour la capitale, remettant à des temps plus heureux l'exécution de ses projets. Un asile s'ouvrit pour lui au collége de Laon (en 1623), où Philippe de Champagne demeurait depuis plus d'un an. On le devine aisément, des relations amicales s'établirent bien vite entre ces deux artistes faits pour se comprendre. Ils travaillèrent quelque temps ensemble pour le compte et sous les ordres d'un peintre très-médiocre, nommé Duchesne, lequel était chargé de diriger l'exécution des peintures du Luxembourg pour la reine Marie de Médicis. Mais la basse jalousie de Duchesne ne permit ni à l'un ni à l'autre de rester avec lui.

Dans le courant de la même année, Nicolas concourut pour une suite de tableaux demandés par le collége des Jésuites, à propos de la canonisation de saint Ignace leur fondateur et de saint François Xavier. La grande habitude qu'il avait acquise dans la peinture de détrempe[1] lui fit produire, en une semaine, six tableaux, qui, bien qu'ils ne fussent pas terminés dans les détails, furent préférés, pour la grandeur des conceptions et la vivacité des expressions, à ceux de ses concurrents. Au nombre des connaisseurs dont ces œuvres captivèrent l'admiration, se trouvait le poëte italien Jean-Baptiste Marino (ou *le cavalier Marin*), qui poussa la bienveillance envers le peintre français jusqu'à lui offrir un logement dans sa propre demeure, et le pria de dessiner plusieurs sujets empruntés à son poëme d'*Adonis*. Poussin, que son goût et le genre de son talent eussent plutôt porté vers des études sérieuses, répondit habi-

[1] Manière de peindre avec des couleurs *détrempées* dans de l'eau préparée soit à la colle, soit à la gomme.

lement à l'attente du poëte italien; il sut, en outre, éviter la plupart des écueils contre lesquels eussent aisément donné beaucoup d'autres artistes, s'ils avaient eu à traiter un pareil sujet; il sut atténuer par une certaine réserve les fictions les plus licencieuses, et réunir la grâce à la décence, en préservant ses images mythologiques du caractère trop libre du poëme. Assurément c'était pour le jeune artiste un beau triomphe, dont il avait d'autant plus lieu de se féliciter, que sa retenue ne l'avait pas empêché de retirer des études que lui avait imposées son travail une connaissance bien plus approfondie de la poétique de l'art. Il eût voulu ensuite accompagner son nouveau protecteur, qui retournait à Rome; mais il crut devoir auparavant, par délicatesse, terminer un tableau de la *Mort de la Vierge*, pour la corporation des orfèvres, qui le lui avait demandé, et divers autres ouvrages qu'il s'était engagé à faire.

CHAPITRE II

Poussin à Rome. — Ses débuts. — Sa maladie.

Voilà enfin notre peintre qui touche à la réalisation du vœu le plus ardent de son âme ! Certes, il n'est pas encore bien riche; mais, en travaillant un peu le long de la route, il arrive dans la ville éternelle, au printemps de 1624, sans avoir entièrement épuisé le produit de ses derniers travaux.

Ici un champ plus vaste va s'ouvrir pour lui; il va pouvoir explorer une mine féconde dans laquelle il découvrira chaque jour de nouveaux trésors. A une observation plus attentive et plus minutieuse de la nature, sous l'habile direction de nouveaux maîtres et au milieu des plus admirables modèles, il joint non-seulement une étude plus complète des parties techniques de la peinture, mais celle de la poésie et de l'histoire. C'est parce qu'il saura puiser à ces sources, tout en conservant une vive et puissante spontanéité, qu'on le verra caractériser son style par une élévation de plus en plus remarquable, monter d'échelon en échelon dans le domaine de l'art, ennoblir par la richesse (un critique a même dit par la *sublimité*) de ses pensées les sujets les plus communs.

A Rome il retrouva le cavalier Marin, qui l'accueillit avec une cordialité sincère, et se plut à lui faire visiter les merveilleux monuments de tous genres et de tous les âges que le génie ou la main de l'homme y ont prodigués. Malheureusement il ne put jouir longtemps de relations qui lui fussent devenues de plus en plus utiles : le poëte ne tarda point à partir pour Naples, où il mourut. Toutefois, avant de quitter son ami, il voulut le faire connaître à la cour romaine; il vanta partout son mérite et n'hésita point à prédire qu'un artiste qui avait une verve ou une fougue si extraordinaire (*una furia di diavolo*, disait-il), ne pouvait manquer d'aller loin ; enfin, il chargea Marcel Sacchetti, gentilhomme grand amateur des beaux-arts, de le recommander chaleureusement, de sa part, au neveu du pape Urbain VIII, le cardinal François Barberini. Celui-ci s'empressa d'obtenir au peintre français la libre entrée du musée qui portait son nom. Mais, par un nouveau contretemps, le prompt départ du cardinal pour ses légations de France et d'Espagne laissa bientôt le pauvre Poussin de nouveau livré à lui-même.

Cet isolement de l'homme, au moment

où ses facultés auraient besoin, pour atteindre leur plein développement, du concours et de l'appui de tous ses protecteurs naturels, brise, plus souvent qu'on ne le pense peut-être, le cours de destinées qui auraient pu être glorieuses, si les circonstances en avaient favorisé l'essor. Poussin se raidit et réagit même, avec toute l'énergie dont il était capable, contre ces difficultés nouvelles, qui semblaient devoir l'arrêter presque au début d'une carrière dans laquelle il était entré avec une si grande peine; au lieu de reculer, il accepta courageusement la lutte que lui imposaient les événements, et l'on verra comment le Ciel bénit ses efforts.

Mais on ne s'étonne vraiment pas qu'un homme formé à une aussi rude école dît franchement, plus tard, à un personnage qui lui montrait un tableau de sa façon : « Pour devenir un bon peintre, il ne vous manque que d'être moins riche. »

En attendant, il dut, comme tant d'autres hommes éminents, descendre encore une fois des cimes radieuses de l'art pour demander au métier les ressources matérielles les plus indispensables ; mais en se soumettant à cette nécessité, humiliante seulement pour les gens peu sûrs de leur dignité personnelle, il marquait toujours du sceau indélébile de son génie ses moindres productions. Il donnait deux tableaux de bataille pour quelques écus ; il peignait un prophète pour huit livres tournois; mais cette composition était d'une beauté telle qu'un peintre en vendit la simple copie à un prix double de l'original. Ce ne sont là que quelques exemples des sacrifices auxquels dut se résigner Nicolas.

A cette époque, les beaux-arts, et notamment la peinture, étaient bien déchus, en Italie, du haut degré de splendeur où les avaient portés, dans les deux siècles précédents, l'école florentine, l'école vénitienne, l'école lombarde ou milanaise, l'école bolonaise, et surtout cette école romaine, au-dessus de laquelle avait plané avec un si merveilleux éclat l'inimitable Raphaël. Ce n'est pas que de grands artistes ne brillassent encore au premier rang : Michel-Ange Amerighi (le Caravage) avait laissé d'habiles élèves; puis, Guido Reni, Domenico Zampieri (le Dominiquin) et d'autres leur disputaient hautement les suffrages et les sympathies des Mécènes du jour. Toutefois la manière du Caravage, avec son imitation trop servile de la nature, avec sa recherche exagérée de ce qu'on appellerait aujourd'hui le *réalisme*, prédominait, et Poussin, chez qui l'étude passionnée des antiques et des chefs-d'œuvre de l'école romaine n'avait fait que développer le culte de l'idéal, le goût de l'expression morale, ne pouvait guère trouver un bon accueil parmi les connaisseurs à la mode. En effet, presque tous s'étaient déclarés en faveur de la nouvelle méthode, et le peintre français n'apparaissait que comme un adversaire.

Son heure n'était pas encore venue, et comme il arrive en pareil cas, notre héros faillit, malgré sa constance, succomber à un amer découragement. Il subit alors le plus cruel supplice qui puisse être infligé à un homme de cœur qui a conscience de son talent et qui se sent le droit de s'écrier avec Antoine Allegri (le Corrége) : *Anch' io son pittore... Et moi aussi je suis peintre!* Heureusement, il se releva bientôt : Dieu avait armé son âme d'un ressort que les circonstances extérieures n'auraient pu aisément briser. Loin de renoncer à la lutte, Poussin ne voulut plus songer qu'à fourbir ses armes avec un nouveau soin ; il s'adonna plus que jamais au travail, et pour en mieux féconder les résultats, il se lia étroitement avec plusieurs artistes qui, comme lui, n'avaient pas à se féliciter des chances que leur avait ménagées le sort, et surtout François Duquesnoy dit *le Flamand*, dont il alla jusqu'à partager le logement. Plus tard ils associèrent à leurs travaux Alexandre Algardi, connu depuis sous le nom de l'*Algarde*[1]. Ils allaient ensemble étudier et modeler les antiques, en s'échangeant leurs idées et leurs remarques. Ils allèrent aussi copier tous deux en relief, à la villa Ludovisi, les divers groupes d'un tableau célèbre où Titiano Vercelli (le Titien) avait figuré, avec une grâce et une délicatesse admirables, des enfants se livrant à leurs jeux; et l'on ne peut douter que ce ne soit en partie à ces études communes, vivifiées par de judicieuses observations, que Duquesnoy et Poussin durent la supériorité

[1] C'est à leurs travaux communs que nous devons les mesures de la statue d'Antinoüs, etc.

avec laquelle chacun d'eux sut représenter les enfants, l'un dans la statuaire, l'autre dans la peinture. Il est certain que de semblables communications entre les intelligences, loin de les appauvrir, comme si elles perdaient ce qu'elles donnent, ne font que les féconder et les enrichir : dans les arts comme ailleurs, on double ses forces en les unissant.

Ajoutons que, tout en admirant à bon droit la richesse du coloris du grand maître de Venise, ainsi que son faire dans la peinture du paysage, l'artiste français se garda bien de le prendre servilement pour modèle ; il subordonnait, au contraire, les données que lui fournissait cette étude à celles qu'il trouvait dans ses dessins d'après les tableaux du peintre d'Urbin et de ses successeurs. Toutefois on ne saurait méconnaître que les compositions mythologiques de Poussin, et même sa manière d'exécuter les sujets religieux en ce temps-là, ne se soient ressenties de l'influence qu'exerçait alors sur son esprit, par une espèce de fascination, le coloriste vénitien; mais tout en subissant comme involontairement cette influence insidieuse, Nicolas s'en méfiait. Il craignait, disait-il, « que le charme du coloris ne lui fît oublier ou négliger la pureté du dessin, et principalement les beautés expressives conçues comme l'objet essentiel du dessin, comme peignant par un trait vif et précis le langage de la pensée et du sentiment. » Ces beautés, il ne cessait de les chercher avec une ardeur toujours nouvelle dans l'antique. Par lui-même l'antique ne lui offrait guère, sans doute, qu'un certain nombre d'attitudes et d'expressions déterminées; dès lors elles ne lui semblaient pas suffire pour la reproduction de l'immense variété des scènes pittoresques que lui offrait le vaste champ de la poésie et de l'histoire, soit sacrées, soit profanes. Il lui fallait donc modifier, compléter ces attitudes ou ces expressions, suivant les temps, les lieux, les mœurs, les usages; il lui fallait surtout ne jamais perdre de vue ce phare lumineux de l'idéal, dont les clartés doivent former une atmosphère transparente qui baigne et caresse tous les sujets traités par un peintre digne de ce nom, et les en fasse émerger ou ressortir dans toute leur beauté plastique. C'est dans ce domaine agrandi de l'art que Poussin creusa ses investigations, et la postérité sait tout ce qu'il y découvrit. C'est à ce point de vue qu'il continua de méditer, d'observer, de comparer partout, sans relâche et presque sans interruption, dans les villas, sur les places publiques, dans les églises et dans les musées de Rome, notant sur ses tablettes tout ce qui le frappait.

Combien une pareille méthode ne serait-elle pas suivie avec fruit, non-seulement par les artistes, mais aussi par les poëtes, par les philosophes, par les moralistes, enfin par tous ceux qui, à un point de vue ou sous un rapport quelconque, doivent interpréter ce qui se passe autour d'eux! Trop souvent on s'imagine pouvoir compter sur sa mémoire. Mais n'est-il pas vrai que sur ce fond unique trop d'images diverses et successives passent et s'accumulent incessamment et pêle-mêle, pour que chacune d'elles puisse s'y retracer fidèlement et avec des contours bien nets? Trop souvent toutes ces images, d'abord distinctes, finissent par se confondre, par ne former plus non pas même une mosaïque disparate, mais seulement un ensemble vague et désordonné, où l'intelligence a peine à saisir le moindre objet avec quelque clarté.

Tel n'était pas Poussin. Lui n'oubliait rien, ne confondait rien, parce qu'il avait soin de tout relever, de tout annoter; et ce qu'il relevait, ce qu'il annotait, sa merveilleuse sagacité le contrôlait minutieusement par ce que lui enseignaient les livres. Il élucidait les questions de perspective dans les écrits du P. Matthieu Zoccolini, théatin, ou dans ceux d'Alhazen et de Vitellion; celles d'architecture, dans Vitruve ou dans André Palladio; celles de peinture, dans Albert Durer, Léon-Baptiste Alberti ou Léonard de Vinci. Il étudiait l'anatomie non plus seulement dans les ouvrages de Vésale, mais d'après les instructions du chirurgien Nicolas Larcher, et en même temps le modèle vivant, dans l'atelier du Dominiquin ou d'André Sacchi; enfin les plus beaux traits de poésie ou d'histoire, dans Homère ou Plutarque, et surtout dans la Bible. Après cela, quelles que fussent ses études, il les ramenait toujours, on l'a déjà vu, d'abord, à une connaissance plus parfaite du caractère moral de ses sujets, des affections de l'âme les plus propres à l'exprimer, à le rendre dans toute son étendue et sous tout son jour; puis à la science de traduire ces notions sur la toile.

Ce zèle du peintre français était d'autant plus remarquable que la plupart des jeunes artistes romains, d'après les conseils inconsidérés de leurs maîtres eux-mêmes, négligeaient ces études fondamentales de la peinture pour ne s'attacher qu'à l'exercice du pinceau. Aussi tous ses efforts ne parvenaient-ils guère à attirer sur lui l'attention, encore moins la sympathie des connaisseurs. Quant à ses confrères ou à ses rivaux, s'ils regardaient ses ouvrages, c'était avec le parti pris de la passion ou les préjugés d'une basse envie. Tandis que les jeunes peintres allaient en foule, à l'église Saint-Grégoire du mont Célius, copier un *Saint André en prière devant l'instrument de son supplice,* du Guide, Poussin s'était attaché presque seul à la *Flagellation de saint André*, du Dominiquin. L'œuvre du premier, grâce à l'engouement auquel cédaient alors les esprits, avait été jugée tellement supérieure à celle du second, qu'elle lui avait valu 400 écus, au lieu que Zampieri n'avait reçu que 150 de la sienne. Nicolas protesta contre un pareil jugement, et parvint à démontrer combien, au contraire, le tableau de ce dernier l'emportait sur l'autre par la grandeur et la force de l'expression, ainsi que par la sagesse de l'ordonnance, dont l'ensemble est calculé, sans la moindre confusion, pour fixer l'œil du spectateur sur le principal personnage. On dit que l'auteur, alors malade, fut si touché du généreux témoignage d'un artiste étranger qu'il ne connaissait pas (c'est seulement à partir de ce moment que Poussin fréquenta l'atelier de Zampieri), qu'il se fit transporter près de lui et l'embrassa comme un de ces amis inconnus que la Providence place quelquefois sur notre route à l'heure de nos défaillances. C'était réellement un noble ami que trouvait le pauvre Dominiquin ; il le vit bien dans une nouvelle occasion où ses adversaires ne démentirent point leur envieuse partialité. Il s'agit de l'attitude qu'ils prirent, lorsque Zampieri fit pour le maître-autel de l'église San-Girolamo della Carita sa fameuse *Communion de saint Jérôme*, sujet qu'avait déjà traité Augustin Carrache. « Ce n'est qu'une copie ou même un plagiat, osèrent dire les jaloux ; aussi l'auteur n'en retira-t-il que 50 écus, le tiers de ce que lui avait rapporté la *Flagellation de saint André !...* »

— Qu'importe le prix ! répondait Poussin dans une leçon publique qu'il donna tout exprès. Non, ce n'est ni une copie ni un plagiat ; c'est une admirable page qui, comme la *Descente de Croix* de Daniel de

Volterre, peut être comparée à la *Transfiguration* de Raphaël ! » La postérité a ratifié cet arrêt, et dès lors même, le *Saint Jérôme* du Dominiquin, reproduit par la gravure, se répandit par toute l'Europe.

Toutefois, entre le Guide et Zampieri, le caractère pacifique, prudent et modéré de Poussin l'empêcha, malgré sa préférence ouverte pour ce dernier, de se mêler directement aux querelles des deux rivaux. Il louait, il vantait, chez les maîtres de chaque école, les qualités et le mérite que l'un et l'autre lui paraissaient posséder. Le Caravage, dont il disait crûment *qu'un pareil homme était né pour la ruine de la peinture*, était le seul qu'il attaquât presque sans atténuation, sans réserve, parce que ce peintre lui paraissait dégrader, détruire l'art proprement dit par une imitation systématique de la nature, quelle qu'elle fût, et l'on sait qu'aux yeux de Poussin il fallait toujours ennoblir la nature par l'idéal, plus encore en Italie qu'en Flandre, c'est-à-dire plus encore sous un climat splendide et au milieu des richesses de la création que sous un ciel de plomb, et en face des sombres aspects des contrées septentrionales, où l'artiste est moins exposé à subir le charme séducteur de la matière.

Ce fut dans cette situation nouvelle, qui, au sein même de son obscurité, commençait à mettre Poussin en relief, que le cardinal Barberini, revenu de ses légations, lui assura, en lui continuant son appui, tous les avantages de sa haute protection. Le premier tableau dont le peintre des Andelys fut chargé, en 1628, fut la *Mort de Germanicus*, tableau dans lequel l'auteur révéla d'une manière si éclatante son rare talent pour les grandes compositions historiques, en sachant relever encore un drame si pathétique par la profondeur des pensées, la force des expressions et l'emploi des plus frappantes allégories. A côté du principal personnage, dont on ne se lasse pas d'admirer la douce et noble figure, on voit Agrippine plongée dans une profonde douleur et couverte d'un voile, comme Agamemnon dans le fameux tableau de Timante ; les chefs romains sont debout, la lance à la main, et attentifs aux dernières paroles du héros ; sous la draperie qui s'étend d'un côté du tableau, une ombre fatidique, armée d'un glaive, apparaît aux regards du mourant, comme pour lui promettre qu'il sera bientôt vengé. Assurément, la vue d'un pareil tableau vaut la lecture de tout un poëme, et ce qui le prouve, c'est que pour le bien comprendre, pour bien se pénétrer des pensées, des sentiments, des passions multiples qu'il exprime en quelques traits, il faut presque autant de temps, il faut un aussi grand déploiement de toutes les forces vives de l'âme que pour lire une épopée.

Le second sujet qu'eut alors à traiter Poussin fut la *Prise de Jérusalem par Titus*. Ici l'auteur dut dépeindre une bien plus grande variété d'actions, et sut montrer une merveilleuse connaissance des usages et des costumes des anciens. Barberini fit présent de ce tableau à un de ses amis ; mais l'artiste, voulant lui complaire, ne tarda point à composer sur le même sujet un autre tableau dont il embellit l'ordonnance par une nouvelle conception : c'était la pompe triomphale dont les honneurs furent décernés à Titus après sa conquête, et telle qu'elle est représentée dans les bas-reliefs de l'arc qui porte son nom. Cette seconde composition retraçait le sac de Jérusalem sous les yeux de l'empereur victorieux, aux pieds duquel gisent les juifs massacrés ou faits prisonniers ; tandis que les soldats romains emportent du temple les ornements et les vases sacrés. On vit souvent Poussin répéter et varier de la sorte ses compositions, quoiqu'il s'attachât toujours, comme il le déclarait volontiers, à n'y jamais mettre même *une demi-figure de trop*. « Bien, dit Gence[1], qu'en prenant pour point central, dans la période de l'action ou le développement du sujet, un motif principal différent, auquel il ramenait et subordonnait les détails, il parvenait à multiplier, pour ainsi dire, le même sujet par une disposition et une exécution nouvelles. » — « Je ne chante pas toujours sur le même ton, disait notre artiste lui-même; je varie ma manière selon les différents sujets. » Que de richesses un peintre doué du véritable génie de l'art pourrait se ménager par une semblable entente de la composition !

Néanmoins le cardinal se priva encore de

[1] Voir son article sur Poussin dans la *Biographie universelle* de Michaud.

ce tableau, bien supérieur au premier, en faveur du prince d'Eschenberg, ambassadeur impérial à Rome[1].

L'extrême modération de notre artiste ne suffit point pour le mettre au-dessus et à l'abri des injustices des hommes. Soit à l'instigation secrète d'émules jaloux, soit par animadversion contre les Français, à cause du peu de succès que le cardinal-légat avait obtenu dans ses négociations, Nicolas se vit, tout inoffensif qu'il fût, assailli un jour par des soldats, près de Monte-Cavallo, tandis qu'il regagnait tranquillement sa demeure, et reçut un coup de sabre entre l'index et le médius. Puis, prenant la fuite, il parvint à repousser ses agresseurs avec des pierres. Une pareille blessure aurait pu nous priver de tant d'œuvres immortelles qui devaient sortir de la main de notre peintre; mais,

[1] La *Prise de Jérusalem* se trouve maintenant au musée du Belvédère, à Vienne.

Dieu merci, elle n'eut pas de suites fâcheuses. Seulement, cette rencontre détermina Poussin à ne plus prendre l'habit français et à ne plus quitter le costume romain. Il put ainsi se soustraire à de nouveaux accidents de la même nature. Malheureusement, il ne put pas de même éviter l'atteinte d'une maladie grave, qu'on explique sans peine par tous les travaux auxquels il se livrait, non moins que par les privations et les fatigues qu'il essuyait depuis si longtemps.

CHAPITRE III

Guérison de Poussin. — Son mariage. — Ses premiers travaux.

Poussin avait déjà contracté en France les premiers germes du mal qui le frappait. Qu'allait-il devenir, loin de sa famille, loin de sa patrie, dans un isolement dont de cruelles souffrances augmentaient l'amertume? Ici encore la Providence veillait. Parmi les relations que s'était ménagées Nicolas pour se consoler de l'absence des siens et s'adoucir les regrets que lui causaient les souvenirs de la patrie, se trouvait un peintre parisien, nommé Jacques Dughet, qui s'était acquis à Rome une certaine réputation. Cet honnête artiste s'empressa d'ouvrir sa maison et de procurer des médecins à un compatriote malade. Celui-ci reçut, par conséquent, tous les soins affectueux dont eût pu l'entourer sa propre famille. La femme de Jacques Dughet elle-même partagea la sollicitude de son mari jusqu'à ce que les dignes époux virent leur dévouement récompensé par la guérison du malade.

Cette excellente famille comptait cinq enfants, trois garçons et deux filles. Nicolas ne crut point pouvoir mieux lui témoigner sa reconnaissance qu'en demandant la main d'Anne-Marie, l'aînée des filles. Il l'obtint, et le mariage fut célébré le 18 octobre 1629, fête de saint Luc, patron des peintres.

La jeune femme apportait très-peu de fortune à son époux; mais il trouva en elle, ce qui importait davantage, une compagne aussi bonne et aussi courageuse que belle, aussi dévouée, aussi fidèle que le Dominiquin en avait trouvé une en Marsibilia Barbetti. Anne-Marie, pleine d'une respectueuse et tendre admiration pour un homme qu'elle était fière de nommer son mari, cherchait à lui faire oublier ses chagrins, à ranimer ses espérances, en lui faisant entrevoir un meilleur avenir, enfin, à lui rendre la conscience de son mérite. On sait assez que cette conscience, surtout quand elle est contenue dans les bornes d'une juste modestie, double les forces et presque la valeur d'un homme.

La dot d'Anne-Marie fut employée à l'acquisition d'une petite maison en face de la maison de Claude Gelée, dit le Lorrain[1], sur le mont Pincio, d'où l'on jouissait des

[1] Dans son article de la *Biographie universelle*, M. Gence prétend que cette maison, acquise par Poussin, se trouvait à côté de celle de Salvator Rosa. Evidemment, cette indication ne saurait être exacte, au moins dans ces termes-là, puisque Salvator Rosa, beaucoup plus jeune, ne se rendit à Rome qu'en 1639.

plus belles vues de Rome. C'est dans cette retraite que Poussin devait passer presque tout le reste de sa vie.

Quelque temps avant son mariage, l'état habituel de gêne auquel l'exposaient ses infirmités l'avait forcé de recourir à la bourse du commandeur Cassien del Pozzo, gentilhomme turinois, que son amour pour les beaux-arts avait fixé à Rome, et qui n'avait point tardé à distinguer le peintre français. Pour répondre à ce confiant appel, le commandeur lui avait envoyé quarante écus romains. On verra plus tard comment Nicolas sut reconnaître les bontés de son nouveau protecteur. En attendant, il lui offrit un *Annibal* armé à l'antique et monté sur un éléphant.

Del Pozzo ne s'était pas contenté d'ouvrir à l'artiste étranger, qu'il traitait en ami, son cabinet particulier, si riche en monuments d'art de toute espèce; il n'avait cessé de lui servir de patron, et n'avait pas peu contribué à entretenir, à développer même chez le cardinal Barberini, en faveur de Poussin ses dispositions bienveillantes.

La sollicitude conjugale de sa jeune femme n'avait, du reste, point été inutile à Nicolas. Il s'était remis au travail avec une nouvelle ardeur, continuant à combattre avec persévérance les ennemis du bon goût et appuyant la cause de l'art par la production des chefs-d'œuvre que créa successivement son pinceau.

La constante protection de Barberini, toujours réchauffée par le commandeur, valut, à cette époque, à notre peintre, l'honneur et l'avantage d'être employé à peindre un grand tableau du *Martyre de saint Erasme*, lequel devait être copié en mosaïque, à la basilique de Saint-Pierre. Une telle faveur était si rarement accordée à des étrangers, qu'elle dut vivement provoquer la jalousie des nationaux, toujours en éveil, d'autant plus que l'auteur exécuta son œuvre dans la manière du Dominiquin, et qu'elle eut pour pendant le tableau d'un autre français, de Valentin. Aussi n'est-on point sûr que le *Martyre de saint Erasme* ait rapporté le moindre salaire ou la moindre récompense à Nicolas. Si Bonanni et Torrigio prétendent que ce tableau lui fut payé cent écus romains, Passeri déclare positivement que Poussin affirmait n'avoir touché en cette circonstance aucune rémunération, soit par l'effet d'une disgrâce momentanée, soit par la malignité de l'intendant des travaux. Il semble donc qu'il y ait lieu d'admettre, comme plus certaine, l'énonciation de Passeri. On peut même penser que l'influence des rivaux de Poussin fit porter de son œuvre (la seule qu'il ait signée) un jugement défavorable; car on ne voit pas qu'il ait été chargé, dans la suite, d'aucune composition de ce genre. Dès lors il ne peignit plus guère de tableaux d'une grande dimension que pour quelques églises ou pour des galeries étrangères [1].

Nous ne saurions indiquer ici d'une manière complète et à leur date précise tous les ouvrages que notre artiste exécuta dans les années qui suivirent jusqu'à son départ pour la France. Citons seulement parmi les principaux un *Jugement de Salomon*, un *Mont Parnasse* [2], l'*Idole de Dagon tombant devant l'arche* ou la *Peste des Philistins*, l'*Enlèvement des Sabines*, l'*Enlèvement du jeune Pyrrhus*, le *Maître d'école de Faleries renvoyé par Camille aux Falisques* (tous les quatre au Louvre), la *Manne*, le *Frappement du Rocher* [3] et la première

[1] Le *Martyre de saint Erasme* se trouve maintenant dans la galerie de Dresde.

[2] Aujourd'hui le premier au Louvre, le second à Madrid.

[3] Pour Gilliers. Poussin traita de nouveau ce sujet pour Stella, dix ans plus tard.

Suite des Sept Sacrements, destinée au commandeur del Pozzo.

La variété et la fécondité du génie de Poussin suffirent encore à la conception et à l'exécution d'autres sujets, tout à fait différents, tels que *Renaud emporté par Armide*, *quatre Bacchanales* et un *Triomphe de Neptune*, pour le cardinal de Richelieu.

Poussin peignit la *Peste des Philistins*, en 1630, moyennant 60 ou peut-être même 40 écus, pour le sculpteur Matteo, qui s'en défit. Après avoir passé en plusieurs mains, ce tableau que, dans un inventaire fait sous la Restauration, l'on estimait 120,000 fr., fut acquis par le cardinal de Richelieu pour 1000 écus. Dans cette composition, qui, malgré la médiocre étendue de la toile, contient une multitude de figures, l'auteur paraît s'être attaché surtout à reproduire les expressions que lui avaient fournies les statues antiques et les œuvres de Raphaël.

Il a fait habilement contraster la désolation de cette scène avec la magnificence du site où elle s'accomplit; le beau dessin des figures et des draperies sert encore à mieux accentuer ce contraste. Mais il n'a peut-être point suffisamment différencié les attitudes ou varié les airs de tête de ses personnages. Toutefois les épisodes pleins de terreur et de pitié dont il a semé son sujet, non moins que les accessoires qui les accompagnent, ont d'autant plus de mérite que l'artiste a su les relever et en quelque sorte les animer par la manière heureuse et pittoresque avec laquelle il a disposé les arrière-plans, les jeux de lumière, le clair-obscur et le paysage, il a saisi la perspective et la couleur locale et jusqu'à l'aspect des édifices, il a rendu les horizons et les ciels, en tirant parti de chaque détail, en l'agençant au profit de l'ordonnance générale et de l'effet définitif de l'œuvre. Sans doute, la vue de cette ville idolâtre que présente le tableau rappelle peut-être Rome autant ou plus qu'Azoth; mais il serait injuste d'oublier que l'ethnographie était peu connue il y a deux siècles. D'ailleurs, c'est au moins une ville païenne que le spectateur a sous les yeux, et ce degré d'exactitude historique suffit certainement pour que la chute de l'idole devant l'Arche, en de telles circonstances, produise sur son esprit l'effet le plus dramatique. Avouons pourtant qu'à cet égard Poussin n'a pas toujours été aussi fidèle à la vérité historique qu'on serait porté à le demander aujourd'hui où les recherches et les découvertes modernes nous ont accoutumés à une si rigoureuse exactitude. En faisant des copies de la *Noce Aldobrandine*, de même qu'en étudiant la *Mosaïque* de Palestrine, le peintre français y prit, pour plusieurs de ses compositions, des idées architecturales plus ou moins heureuses. Ainsi, on l'a vu quelquefois introduire dans l'Egypte ancienne des temples d'un goût grec, ou, ce qui semble moins disparate, des édifices du style romain dans des sites de la Grèce. On l'a également vu plusieurs fois, dans des sujets tirés soit de l'histoire sacrée, soit de l'histoire profane, nous représenter des fleuves avec leurs attributs mythologiques. Mais ces sortes d'anachronismes sont rares dans l'œuvre de Poussin.

Dans cette même composition de la *Peste des Philistins*, notre artiste réussit à faire vivement sentir, par quelques traits, l'horreur du fléau : ici un adolescent se roule sur le pavé dans les contorsions de la douleur; là une légion de rats voraces se répand dans la ville. Plus loin, un homme se bouche d'une main les narines pour se soustraire à l'infection, tandis que de l'autre (touchante inspiration !) il écarte un enfant du sein de sa mère, atteinte déjà par le fléau. Rien qu'à regarder ce seul groupe, on frissonne comme devant l'apparition du spectre hideux qui le menace. Les prêtres de Dagon sont atterrés, et partout la peste continue ses ravages, partout on enlève les cadavres !

L'*Enlèvement des Sabines* fut traité deux fois par Poussin ; nos observations s'appliquent au tableau que possède le Louvre. « On y admire, dit M. Bouchitté [1], la clarté introduite dans une pareille scène, malgré sa confusion, l'habile disposition des groupes, la disposition particulière de chacun d'eux, les expressions variées des filles, des mères, des ravisseurs... et au milieu de tant d'attitudes diverses, il n'en est aucune qui ne représente la forme humaine dans ses plus belles conditions. » David en a certainement profité pour faire son tableau des *Sabines*.

[1] Dans l'ouvrage intitulé *Le Poussin, sa vie et son œuvre* (chez Didier, à Paris), et couronné par l'Académie française.

Mais, on doit le reconnaître, il ne se cachait pas de ce que lui fournissait l'étude des œuvres de son glorieux prédécesseur. En parlant de son tableau des *Horaces*, il disait ingénûment : « Si c'est à Corneille que je dois mon sujet, c'est au Poussin que je dois mon tableau. »

Dans l'*Enlèvement du jeune Pyrrhus*, les groupes se rattachent les uns aux autres étroitement, mais d'une manière bien distincte. L'ordonnance générale est claire sans affectation ni minutie. On y trouve dans l'exécution une grande connaissance de l'antique ; malheureusement, la couleur du tableau a souffert.

Le *Maître d'école de Faleries* présente, et ce devait être, moins de mouvement, moins d'élégance que les compositions précédentes ; mais les expressions y sont pleines de vérité. La figure du traître semble une étude d'après Phidias.

Dans la *Manne* [1], comme dans le *Frappement du rocher*, le peintre a su lier les divers incidents de l'action, par une suite de mouvements transmis d'un côté à l'autre du tableau, et formant une sorte de chaîne qui étend ou propage les effets, qui groupe, unit ou rapproche les parties les plus éloignées. « Il y a reproduit avec la plus grande fidélité l'aridité du désert; et dans la première de ces deux compositions, des feux allumés, des tentes, des hommes dispersés çà et là, au fond du paysage, sur le penchant des montagnes, annonçent clairement la présence d'un peuple. Dans les deux sujets, Moïse apparaît avec une grandeur un peu mondaine, comme il convenait, sous l'Ancien Testament, au représentant terrestre de Jéhovah. Cependant l'intervention divine ne

[1] Faite pour M. de Chantelou; elle se trouve maintenant au Louvre.

laisse pas que de se faire sentir et dans l'attitude de Moïse et dans l'émotion de la foule. »

Le *Frappement du rocher* fournit à Poussin l'occasion de plusieurs répétitions lui servant à montrer de plus en plus le nombre de ses ressources et la souplesse de son pinceau. Ce n'était, d'ailleurs, pas au hasard, il s'en faut de beaucoup, qu'un pareil artiste modifiait son style, d'après les différences suivant lesquelles il concevait ou il exécutait ses sujets. Dans celui de Stella, le peintre a figuré, au bas du rocher, dans l'aridité du désert, un lit profond destiné à recevoir l'eau, parce que, disait-il, c'était une suite nécessaire du miracle.

A propos du tableau de *Renaud et Armide*, il écrivait à son ami, Jacques Stella, pour lequel il l'avait exécuté, et qui, appelé en France, s'était installé au Louvre, en 1637, en qualité de peintre du roi : « Je l'ai peint de la manière que vous verrez, d'autant que de soi le sujet est mou, à la différence de celui de M. de la Vrillière [1], comme il est raisonnable, considérant le sujet qui est héroïque. »

Il composa encore, à cette époque, pour le même artiste, l'*Enlèvement de Déjanire par Hercule*, et fit pour sa propre instruction, nous l'avons déjà insinué, plusieurs copies d'un sujet de peinture antique, dit *Noce Aldobrandine*, qu'on avait découvert depuis peu de temps, ainsi que de la *Mosaïque* de Palestrine, représentant des scènes d'Afrique exécutées par des artistes grecs.

Il était juste que le généreux gentilhomme (Cassien del Pozzo), dont l'affectueuse bienveillance était depuis longtemps si utile au peintre des Andelys, et qui lui resta constamment fidèle jusqu'à sa mort (arrivée en

[1] *Le Maître d'école de Falériies.*

1657), jouît des prémices d'un talent qu'il avait tant contribué à faire éclore. Poussin ne se contenta point, dans sa reconnaissance, de dessiner pour le commandeur, avec le concours de Pierre Testa, les vues principales des antiquités de Rome; après avoir d'abord modelé, groupé, disposé ses figures avec un soin dont se dispense trop aisément le génie, il composa pour lui la première *Série des Sept Sacrements*, conçus et traités avec toute la dignité, tout l'intérêt et tout l'esprit des sujets, quoique la proportion des personnages soit moindre que dans la *Peste des Philistins*. Cette œuvre, dont la pensée et l'exécution étaient également religieuses, fut visitée par tous les artistes de la ville éternelle, ainsi que par tous les voyageurs qui y affluaient; elle fut bientôt propagée de toutes parts, multipliée par le burin de Jean Dughet, le plus jeune beau-frère de Poussin. Aussi acheva-t-elle de porter au loin la réputation de son savant auteur. Il reçut des commandes pour Naples, et même pour l'Espagne, qui cependant possédait de si grands maîtres. Il fit pour le marquis Amédée del Pozzo, frère du commandeur, un *Passage de la mer Rouge* et une *Adoration du veau d'or*[1]; il travailla pour la duchesse d'Aiguillon, pour le maréchal de Créqui, ambassadeur à Rome, auquel était attaché Jacques Stella, et pour d'autres encore, en faveur desquels sans doute furent exécutés tant de tableaux dont nous ignorons la destination précise.

Nous avons pris plaisir à nous arrêter, au moins un instant, devant quelques-uns de ces tableaux, bien qu'ils ne soient pas les premiers, c'est-à-dire les principaux chefs-d'œuvre de Poussin, parce qu'ils résument déjà les progrès étonnants qu'il avait faits

[1] Aujourd'hui dans le cabinet du comte Radnor, en Angleterre.

depuis son séjour en Italie, et qu'ils manifestent l'ensemble des qualités éminentes acquises à force de labeur et qui devaient le placer à la tête de l'école française. Le voilà enfin parvenu à la maturité, à la pleine possession de son talent! Désormais, même lorsqu'il ira plus loin, il ne fera que marcher en avant dans la voie qu'il s'est frayée, en l'élargissant, en l'agrandissant toujours; il ne fera qu'utiliser, appliquer, féconder les idées et les connaissances qu'il a lentement amassées comme des trésors. Désormais, tout en changeant de lieu et de sujet, il ne sortira point de son invariable plan; il ne changera, en quelque sorte, plus d'horizon ni de point de vue.

Tous ces travaux, entre bien d'autres que nous n'avons pu signaler conduisirent Poussin jusqu'à l'année 1639, où il crut devoir songer à rentrer en France.

CHAPITRE IV

Poussin à Paris. — Son retour à Rome.

Major à longinquo reverentia [1], dit un proverbe latin, qui trouve sa confirmation dans cette autre sentence : *Nul n'est prophète dans son pays.* Néanmoins l'éclat que commençait à jeter en Italie le nom de Nicolas, rejaillit jusqu'en France, et l'on a déjà vu quelle estime Richelieu faisait de ses œuvres.

Voulant à tout prix faire rentrer dans sa patrie et fixer à Paris un artiste qu'il considérait avec raison comme l'une de nos

[1] On a plus de respect pour ce qui vient de loin.

gloires, le puissant ministre exprima son désir en termes très-pressants à M. Sublet de Noyers, alors surintendant des bâtiments royaux. Celui-ci chargea Paul Fréart de Chantelou, maître d'hôtel du roi, lequel se trouvait momentanément à Rome avec M. de Chambray, son frère (Roland Fréart de Chantelou), pour y recueillir des objets d'art, de faire près de Poussin les démarches nécessaires.

Celui-ci eut à déployer dans sa mission toutes les ressources de la diplomatie : malgré les égards que le surintendant lui témoignait dans ses lettres, malgré les promesses séduisantes qu'il lui faisait, Nicolas, bien moins ami des honneurs que de son repos, ne savait point se résoudre à quitter Rome, alléguant que depuis plusieurs années il souffrait trop pour se mettre à voyager. « J'ai conclu en moi-même, écrivait-il, de suivre le dire italien : *Chi sta bene non si muove*[1]. » « Toutefois, écrivait-il encore à M. de Chantelou, je remettrai tout entre les mains de Dieu et entre les vôtres. » La foi et l'amitié sont, en effet, les meilleurs guides que l'homme puisse choisir ici-bas! Mais il fallut encore que Louis XIII écrivît lui-même au peintre, pour triompher de ses résistances, une lettre datée du 18 janvier 1639. Cependant Poussin essaya sinon de revenir sur une chose définitivement convenue, au moins d'en différer le plus possible l'exécution, même sans se faire illusion sur le résultat de ces atermoiements. De guerre lasse, il consentit, vers la fin de l'année 1640, à se laisser emmener en France par M. de Chantelou, avec Jean Dughet, l'un de ses beaux-frères[2].

[1] Celui qui se trouve bien ne doit pas changer.

[2] Gence avance, d'après d'autres biographes, que ce fut Gaspard Dughet, dit *le Gouaspre*, qui accompagna son beau-frère. Il faut remarquer cependant que notre illustre peintre et Dughet le graveur ne pouvaient guère se passer l'un de l'autre; que,

C'est ici le lieu de dire que, pendant les dix années écoulées depuis son mariage, Poussin ne s'était pas borné à faire des tableaux. Ayant trouvé d'heureuses dispositions pour les beaux-arts chez les deux Dughet (Jean et Gaspard), il les avait cultivées avec un soin tel, que ceux-ci parvinrent à se distinguer, le premier dans la gravure, le second dans la peinture du paysage, où il saisit plus d'une fois la manière de son beau-frère, auquel on attribua des œuvres du *Gouaspre* .

Les conditions auxquelles on appelait notre artiste à la cour de France étaient : trois mille francs pour les frais de son voyage de Rome à Paris; trois mille francs d'appointements par an, outre un logement au Louvre

par conséquent, il était plus naturel que ce fût *le Gouaspre* qui restât près de sa sœur.

[1] On lui reprochait parfois un peu de sécheresse et même de dureté; mais, à cette époque, Poussin lui-même n'échappa oint toujours à ces reproches.

ou à Fontainebleau. Poussin ne s'engageait que pour cinq ans, et il était convenu que, suivant son désir, il ne peindrait ni voûtes ni plafonds. Toutefois de nouvelles souffrances, causées par la maladie dont il était atteint, retardèrent forcément son départ jusqu'au commencement de 1641. Laissons maintenant le grand homme nous raconter lui-même son voyage et son installation :

« J'ai fait, dit-il dans une lettre du 6 janvier de cette année, adressée à Charles-Antoine del Pozzo, frère de son protecteur, j'ai fait en bonne santé le voyage de Rome à Fontainebleau. J'y ai été reçu très-honorablement dans le palais d'un gentilhomme auquel M. de Noyers avait écrit à ce sujet. J'ai été traité pendant trois jours splendidement. Enfin, je suis venu dans la voiture du même seigneur à Paris. A peine y fus-je arrivé, que je vis M. de Noyers, qui m'embrassa cordialement en me témoignant toute la joie qu'il avait de mon arrivée. Je fus conduit, le soir, par son ordre, dans l'appartement qui m'avait été destiné. C'est un petit palais, car il faut l'appeler ainsi. Il est situé au milieu du jardin des Tuileries... Il y a, en outre, un beau et grand jardin, rempli d'arbres à fruits... J'ai des points de vue de tous côtés, et je crois que c'est un paradis pendant l'été... J'ai été fort bien traité pendant trois jours, avec mes amis, aux dépens du roi. Le jour suivant, je fus conduit par M. de Noyers chez S. E. le cardinal de Richelieu, lequel, avec une bonté extraordinaire, m'embrassa et, me prenant par la main, me témoigna avoir un très-grand plaisir de me voir. Trois jours après, je fus conduit à Saint-Germain, afin que M. de Noyers me présentât au roi... Sa Majesté, remplie de bonté et de politesse, daigna me dire les choses les plus aimables, et m'entretint pendant une demi-heure en me faisant beaucoup de questions. Ensuite, se tournant vers les courtisans, elle dit : « Voilà » Vouët bien attrapé ! »

Notons, en passant, que Vouët causait à la cour un assez vif mécontentement par son faste et sa cupidité : c'est là ce qui explique la boutade royale. Du reste, Vouët ne cessa pas d'être jusqu'à sa mort (1648 ou 1649) le premier peintre *en titre* du roi, tandis que Poussin était devenu son premier peintre *ordinaire*, fonction dont il toucha les émoluments aussi jusqu'à sa mort. En cette qualité, il avait la *direction générale de tous les ouvrages de peinture* et *d'ornement* qui devaient être exécutés *pour l'embellissement des maisons royales* (Brevet du 20 mars 1641). De plus, il fut chargé de faire de grands tableaux pour les chapelles de Saint-Germain et de Fontainebleau. Le sujet de *la Cène*[1], destiné à l'église de Saint-

[1] Ce tableau se trouve actuellement au Louvre.

Germain et achevé en moins de trois mois, fut traité avec ce sentiment religieux que demandait l'institution de l'Eucharistie. Le Sauveur y est représenté debout, tenant une patène et bénissant le pain, au milieu des apôtres agenouillés ou profondément recueillis, tandis que dans la cène des *Sept Sacrements*, Jésus-Christ est, avec plus de fidélité historique, représenté assis à table comme ses disciples. Quant au tableau commandé pour la chapelle de Fontainebleau, il paraît qu'il n'a jamais été exécuté.

Louis XIII venait de fonder l'Imprimerie royale, laquelle relevait alors de la surintendance des bâtiments. D'après l'usage, les principaux ouvrages qui en sortaient à cette époque devaient être ornés de frontispices, et Poussin fut chargé d'en composer les dessins. Il en fit pour les œuvres de Virgile, pour la Bible, etc. Ces occupations ne l'empêchèrent pas de terminer, à la demande de

M. de Noyers, un tableau pour le maître-autel du noviciat des pères jésuites, celui de *Saint François Xavier aux Indes ressucitant une jeune fille*[1]. Dans ce tableau, le peintre a disposé ses personnages de façon à ce qu'ils voient tous le miracle; et il a exprimé leurs passions ou leurs sentiments par des nuances et à des degrés différents, avec la plus grande finesse. La gloire où le Christ apparaît manque peut-être de mouvement et en quelque sorte d'ardeur, de même que le coloris du tableau manque d'éclat; mais quelle ravissante figure que celle de la jeune ressuscitée, dont le retour à la vie est si habilement marqué tant par la gradation de ses mouvements que par les diverses impressions qu'on voit se produire sur le visage des assistants! Puis, que de *sveltesse* et d'élégance dans la compagne de la jeune fille, dont la draperie dessine si bien les membres!

[1] Aussi au musée du Louvre.

Cette composition attirait une foule d'admirateurs, au préjudice d'une œuvre de Vouët, qui était placée à côté, dans la même église, et sur laquelle on jetait à peine un regard, tant l'expression y manquait, sans que ce défaut pût être racheté par le charme magique de la facilité de l'auteur. Ainsi, le mérite de ces divers travaux ne fit que confirmer la haute idée que l'on avait déjà conçue du talent extraordinaire de Nicolas. Mais aussi excita-t-il plus vivement que jamais les plaintes de l'ignorance et les récriminations de l'envie : Poussin a fait un *Jupiter tonnant*, disaient les partisans de Vouët en parlant du Christ du *Miracle de saint François Xavier*, parce que, au lieu de lui donner un air de douceur, le peintre lui avait, avec raison, donné un caractère de puissance conforme à son action.

Il était d'ailleurs facile aux détracteurs de notre artiste d'arguer d'autres motifs encore pour justifier leurs tracasseries et leurs injustes attaques contre l'homme le plus pacifique du monde. Le peintre des Andelys avait été, comme on l'a vu, chargé de la *direction générale* des œuvres d'art au Louvre; en même temps le baron de Fouquière, paysagiste habile dont on vantait surtout la feuillée, mais plein de suffisance et d'amour-propre, peut-être parce qu'il se trouvait récemment anobli, le baron de Fouquière, disons-nous, devait orner la galerie des vues des principales villes de France et de paysages; de son côté, Jacques Lemercier, architecte du roi, avait dirigé la construction de la voûte de cette galerie. Ceux-ci se prévalurent de leurs attributions, ainsi que Vouët, de son titre de premier peintre du roi, pour disputer au nouveau-venu son autorité. De là des tiraillements et même des luttes qui portèrent Poussin à regretter de plus en plus le séjour de Rome. Néanmoins, fort de son droit, il n'hésita pas à faire abattre la voûte trop surbaissée de la maçonnerie à la fois lourde et prétentieuse de l'architecte décorateur, puis à la faire remplacer, à l'aide de plusieurs artistes, par des travaux qui avaient le double mérite d'être mieux conçus et plus économiques.

Tout en s'acquittant ainsi de sa mission, notre artiste se préparait à exécuter une suite de compositions représentant la *Vie d'Hercule*, qu'il se proposait de peindre en grisailles dans des compartiments établis à la naissance du cintre de la voûte; mais, dans l'impossibilité de tout faire par lui-même, malgré son incroyable activité, surtout à raison des vicissitudes de sa santé, il demanda et obtint qu'on lui adjoignît, en qualité d'auxiliaire, le peintre Jean Lemaire, son ami, pour l'exécution des ouvrages de la grande galerie [1].

[1] Ce n'est point celle qui existe aujourd'hui, et sur laquelle

Poussin n'était pas homme à savoir ni à vouloir se venger des torts de ses ennemis, à la manière d'un trop grand nombre d'artistes qui dressent un pilori aux leurs, jusqu'au milieu des plus belles toiles, toutes scandalisées d'un pareil abus. La plainte la plus éclatante qu'il laissa échapper fut un tableau de *la Vérité que le Temps enlève et soustrait aux atteintes de l'Envie et de la Discorde* ou *de la Calomnie* [1]; il peignit, paraît-il, ce tableau pour l'appartement du roi au Louvre.

Cependant le désir d'échapper à tous les ennuis qu'il rencontrait, le désir plus vif encore de retourner à Rome, près de sa femme, dans un séjour où il pourrait cultiver l'art comme il l'entendait, tourmentait Poussin avec une force de plus en plus impé-

on peut consulter avec fruit l'ouvrage de M. le comte de Clarac, intitulé *le Louvre et les Tuileries*.

[1] On peut voir ce tableau au musée du Louvre.

rieuse, et il résolut de le satisfaire sans brusquer les convenances. Avant de s'éloigner une seconde fois de sa patrie, il voulut lui rendre encore un immense service, dans le domaine de l'art, en provoquant avec succès l'exécution d'un projet qu'avait déjà conçu François Ier : celui de faire dessiner et modeler les plus beaux monuments de Rome; il fit confier cet important travail à Charles Errard, peintre de Nantes. Puis il sollicita de nouveau l'autorisation d'aller en Italie chercher sa femme, à la condition de la ramener à Paris pour le printemps de 1643, et, en attendant, de suivre de loin les travaux commencés. Poussin souscrivit à tout sans trop mauvaise grâce; mais, il faut le dire, malgré l'engagement qu'il avait contracté, il caressait volontiers, par une sorte de pressentiment, l'idée que son départ serait définitif. Ce fut dans ces dispositions qu'en septembre 1642, par conséquent moins de deux ans après avoir quitté Rome, il y revint, emmenant avec lui Jean Dughet, son beau-frère, Jean Lemaire, son ami, et le jeune peintre Charles Lebrun, qui commençait à se faire connaître. Nos voyageurs durent arriver dans la ville éternelle vers le 3 novembre 1642.

Lebrun s'attacha dès lors si particulièrement au peintre des Andelys et suivit un instant de si près la manière de Poussin, que son tableau d'*Horatius Coclès* fut d'abord attribué à celui-ci. Les amis du grand peintre le félicitèrent de la beauté de cette composition; mais, ce qui n'étonnera point, Nicolas s'empressa de renvoyer ces éloges à celui à qui ils revenaient.

CHAPITRE V

Poussin fixé à Rome. — Les deux *Suites des Sept Sacrements*. — *Eudamidas*.

Voici le chef de l'école française, cet homme si modeste, aux goûts si simples et aux habitudes si pacifiques, cet artiste si étranger aux mesquines passions d'un trop grand nombre de ses confrères, le voici rendu au culte de l'idéal, dans la vie solitaire qu'il ambitionnait, entre une femme qui le comprend et mille chefs-d'œuvre, de l'étude desquels il se nourrit, il se pénètre de plus en plus. Dès le 1er janvier 1643 nous le trouvons réinstallé dans sa chère retraite du *Monte-Pincio*, et le 11 décembre suivant il écrit à M. de Chantelou : « Je suis fort bien ici, et je me peux entretenir joyeusement, particulièrement, s'il vous plaît que quelquefois je m'emploie à vous servir. Si je voulais embrasser toutes les choses qui me viennent, cent bras ne me suffiraient pas ; mais je n'ai pas envie de m'incommoder pour des biens dont je ne jouirais que le peu de temps qu'il me reste à vivre. »

C'est surtout dans les peintures que Poussin fit à partir de cette époque, qu'il faut signaler en lui cette incomparable faculté de méditer et de creuser ses sujets, d'en sonder toutes les profondeurs, de les ouvrir en quelque sorte dans tous leurs replis, d'en mettre les principaux rapports en relief, et les principaux ressorts en jeu. Toujours attentif à la perfection des moindres détails, à l'exactitude rigoureuse de chaque expression, rarement le voit-on adopter pour ses tableaux, malgré l'importance du sujet et la grandeur de la conception, une dimension qui lui eût permis de donner à ses personnages des proportions d'après nature. « Il résumait l'image de sa pensée, comme l'a dit un de ses biographes modernes [1] dans un cadre heureusement circonscrit, il la resserrait pour lui donner toute sa force, pour jouir de sa portée entière, dans sa forme la plus concise. »

Cependant, durant un court intervalle, de grands événements s'étaient accomplis ou allaient bientôt s'accomplir. Richelieu s'était éteint le 4 décembre 1642, et le roi lui-même allait, le 14 mai suivant, descendre à son tour dans la tombe, de sorte que l'aspect de la cour se trouva

[1] M. Bouchitté.

entièrement changé ; car sur tout théâtre une nouvelle scène amène naturellement de nouveaux acteurs et de nouveaux décors. M. de Noyers crut donc devoir se retirer, ne laissant à Poussin, avec l'éventualité de la bienveillance de Mazarin, d'autre appui que la faveur chancelante de M. de Chantelou.

« Je vous assure, écrivait Poussin à ce dernier à la date du 9 juin précédent, que dans la commodité de ma petite maison, et dans le peu de repos qu'il a plu à Dieu de m'octroyer, je n'ai pu éviter un certain regret qui m'a percé le cœur jusqu'au vif; en sorte que je me suis trouvé ne pouvoir reposer ni jour ni nuit. Mais à la fin, quoi qu'il m'arrive, je me résous de prendre le bien et de supporter le mal. Ce nous est une chose si commune que les misères et les disgrâces, que je m'émerveille que les hommes sensés s'en fâchent et ne s'en rient plutôt que d'en soupirer. Nous n'avons rien en propre, nous avons tout à louage. »

Plus tard, le 22 juin 1648, il écrivait encore au même M. de Chantelou, que diverses épreuves venaient de frapper :

« Vous devez soutenir ce choc, et tout autre, quel qu'il soit, et faire rejaillir au dehors tous les efforts du malheur, et quoique je voie en votre lettre je ne sais quoi de mal, vous vous saurez bientôt remettre en votre ferme et constante assiette. »

Disons-le en passant, dans toute la correspondance, comme dans toute la conduite de notre artiste, on remarque toujours, non sans émotion, cette noble philosophie chrétienne, supérieure à tous les événements et toujours prête à se soumettre aux décrets de la Providence. C'est là le secret d'une force qui ne peut étonner que les gens étrangers aux expériences de l'histoire ou aux leçons du christianisme.

Quoi qu'il en soit, à la rentrée de M. de Noyers dans ses fonctions, Poussin parut, malgré certaines hésitations, vouloir sérieusement se disposer à tenir parole. En attendant, il ne cessait de travailler pour la France, et l'on ne saurait guère dire à quel point il contribua, en ce temps-là surtout, à la rénovation de l'art français, sous Louis XIV, par l'influence qu'il exerça sur Lebrun, Lesueur et Mignard, non moins que par les sages conseils qu'il leur donna sans la moindre arrière-pensée personnelle.

Il n'y avait rien qu'il ne fît pour servir ses amis, même à ses dépens. Ainsi il accepta seulement la moitié des cent écus donnés en paiement d'un tableau du *Ravissement de saint Paul*, que M. de Chantelou lui avait commandé en cette même année 1643, comme devant servir de pendant à la *Vision d'Ezéchiel* par Raphaël. En montrant cette modération dans la fixation de ses émoluments, il sauvegardait son excessive modestie qui lui avait fait dire, avant d'entreprendre ce tableau, « qu'il craignait que la main ne lui tremblât en travaillant à une toile qui devait accompagner celle de Raphaël » et il suppliait, après l'avoir finie, qu'elle ne fût point placée en regard, mais qu'elle servît seulement de couverture à l'autre. C'est néanmoins cette œuvre, qui, par l'expression céleste de l'admiration qui éclate sur le front et dans toute la physionomie de l'Apôtre, a fait dire au commandeur del Pozzo, et répéter après ce judicieux connaisseur, *que la France avait son Raphaël aussi bien que l'Italie.*

C'est ici le lieu de nous arrêter quelque temps à l'œuvre capitale dont l'éclat domine toute la carrière artistique de Poussin. Avant son retour en France en 1641, vers les dernières années de son premier séjour à Rome, il avait fait, comme on l'a déjà vu, pour Cassien del Pozzo, une série de compositions ayant pour objet les *Sept Sacrements*[1]. Il avait d'abord été presque convenu, sur les demandes réitérées de M. de Chantelou, que Nicolas lui en donnerait des copies qu'il ferait lui-même ou qu'il ferait faire; mais il répugnait à notre artiste de laisser à la postérité des copies serviles où n'eussent pas été marqués les progrès qu'il devait au temps et à la réflexion. Il proposa donc au gentilhomme français de traiter à nouveau pour lui les mêmes sujets, sans s'astreindre à la reproduction de ses premières compositions. Son esprit de constante observation et les progrès qu'il n'avait cessé de faire dans son art lui facilitaient

[1] Actuellement en partie au musée de Toulouse.

singulièrement cette espèce de remaniement, si conforme plus encore à l'indépendance de son caractère qu'à l'originalité de son talent. En conséquence, notre artiste commença, en 1644, de travailler pour M. de Chantelou, sur des toiles d'une dimension un peu plus grande, à la deuxième *Suite des Sept Sacrements* [1]. Ces deux *Suites* forment en quelque sorte une seule œuvre, autour de laquelle semblent se ranger les compositions les plus sérieuses et les plus religieuses de l'illustre artiste : elles sont également remarquables par des qualités qui les placent l'une et l'autre en première ligne; seulement, le second travail est encore plus intéressant par la variété des détails.

Poussin mit quatre ans à composer et

[1] Actuellement dans la galerie de lord Ellesuere, après le duc de Bridgewater; malheureusement, ces tableaux, peints sur un fond rouge, se sont un peu obscurcis. Le duc de Bridgewater les avait acquis pour 1,225,000 fr.

à exécuter cette deuxième *Suite des Sept Sacrements*. Il ne peignit en cet espace de temps rien d'autre, sinon une *Mort du Christ*, que lui avait demandée M. de Thou. Ce n'est pas, sans doute, que le loisir lui eût matériellement manqué pour vaquer à d'autres travaux; mais bien différent de tant de peintres qui semblent, par amour-propre, mesurer leur talent sur le nombre de leurs productions et la rapidité de leurs coups de pinceau, notre consciencieux artiste se fût reproché de laisser à sa pensée la liberté d'aborder à la fois deux sujets; son horreur pour le désordre et la confusion ne lui permettait pas de jeter ensemble dans le creuset de la méditation des objets distincts et souvent disparates[1]. Quoi qu'il en soit, l'opinion des

[1] « Quant à moi, écrivait modestement Poussin à M. de Chantelou à la date du 20 août 1645, il me semble que je fais beaucoup, quand je fais une tête en un jour, pourvu qu'elle fasse son effet. Je vous prie de mettre l'impatience fran-

connaisseurs du temps fut moins favorable au second œuvre de Poussin qu'au premier; mais la postérité, il faut le dire, n'a point ratifié le jugement qu'ils portèrent. En fait, la *Suite des Sept Sacrements* de M. de Chantelou l'emporte sur celle de M. del Pozzo: la composition y est, en général, plus riche et plus majestueuse. Les groupes s'y relient les uns aux autres dans une plus habile subordination; les draperies y ont plus de largeur, les têtes plus d'expression. Certains détails qui existent déjà dans la première *Suite des Sacrements* se retrouvent dans la seconde, mais reproduits avec de très-heureuses modifications. « On y remarque, observe justement Reynolds, une plus grande harmonie entre les scènes et les sites, entre les figures et les *fabriques* (les bâtiments). L'artiste, ajoute M. Gence,

çaise à part; car si j'avais autant de hâte que ceux qui me pressent, je ne ferais rien de bien. »

a su y étendre la sphère morale de l'histoire, en y rattachant, outre la poésie et l'allégorie, les beautés physiques et locales de la nature et de l'art, non-seulement pour embellir sa composition, mais surtout pour élever et caractériser plus fortement son sujet. Du reste, il est une appréciation dont il faut tenir ici un compte particulier, c'est celle de Poussin lui-même. Or, Poussin était convaincu de la supériorité de ces dernières compositions, comme faites avec plus de réflexion et de maturité. »

Afin de donner au lecteur une idée de ces divers tableaux, il suffira de dire que l'artiste ne crut pouvoir mieux figurer le *Baptême*, l'*Eucharistie*, la *Pénitence* et l'*Ordre*, qu'en représentant l'institution de ces Sacrements, tandis que pour la *Confirmation*, l'*Extrême-Onction* et le *Mariage*, il suivit le cérémonial de l'Eglise. A propos de ce dernier sujet, Poussin disait, assuret-on, que *rien n'est plus difficile à faire qu'un bon mariage, même en peinture.* En effet, il semble n'avoir pas réussi dans ce sujet aussi bien que dans les autres Sacrements; on n'y retrouve pas cette inspiration sublime, ces traits inattendus et frappants qui caractérisent ceux-ci[1].

Dans l'une et l'autre des *Suites,* il est impossible de ne point remarquer, dès le premier coup d'œil, l'espèce de parenté qui rattache les deux tableaux de l'*Extrême-Onction* au sujet si célèbre du *Testament d'Eudamidas*. Cette magnifique peinture, dont Napoléon Ier disait : « Je ne connais la *Mort d'Eudamidas* que par la gravure; mais quand une fois on a vu cette austère

1 C'est à tort qu'au bas de la gravure de l'un des deux tableaux du *Mariage*, on a voulu indiquer le sujet par ces mots : *Maria desponsata Joseph.* Il ne s'est jamais agi, il n'a jamais pu s'agir, ni dans l'une ni dans l'autre des deux compositions de Poussin, du mariage de la sainte Vierge avec saint Joseph.

composition, on ne l'oublie plus [1] ! » Cette magnifique peinture a péri dans un naufrage, en même temps qu'un buste antique de Platon et un manuscrit des poëmes du Dante, comme on les transportait de Londres en Russie. On voit bien encore à Paris un tableau d'*Eudamidas*, dû au pinceau de notre grand maître ; mais cette composition, découverte par M. Demares, sous un pouce de poussière, dans un magasin de vieux tableaux, est toute différente. Elle représente le guerrier non mourant, et dictant ses legs sublimes, mais déjà mort près de ses amis, qui acceptent généreusement leur legs. Nous décrirons l'autre, d'après la gravure. Avant de passer à cette description, qu'on nous permette d'expliquer le sujet d'après Lucien.

« Eudamidas de Corinthe s'était lié d'a-

[1] Napoléon disait également qu'on n'oubliait plus, dès qu'on l'avait vue une fois, la *Mort de Germanicus*.

mitié avec Arétée, son concitoyen, et Charixène de Sicyone; tous deux étaient dans l'aisance, mais lui extrêmement pauvre. Celui-ci laissa en mourant un testament que le vulgaire pourra bien trouver dérisoire, mais qui, j'imagine, ne semblera point tel à un honnête homme qui, comme lui, révère l'amitié et combat pour en emporter le prix. Le testament était ainsi conçu :

« Je lègue à Arétée ma mère à nourrir et à soigner durant sa vieillesse; à Charixène ma fille à établir et à doter le plus libéralement qu'il le pourra ; et si pendant ce temps il arrive malheur à l'un d'eux, j'entends que la part de celui-ci revienne à l'autre. »

« Les deux légataires, à peine informés, accoururent et prirent possession de leurs legs. Charixène ne survécut que cinq jours à son ami, et Arétée, se montrant le plus désintéressé de tous les héritiers, joignit aussitôt la part de Charixène à la sienne. Il nourrit la mère, et il vient de marier la fille d'Eudamidas. Maître d'une fortune de cinq talents, il en a donné deux à sa propre fille, deux à celle de son ami, et il a voulu que les deux mariages fussent célébrés le même jour. »

Certes, voilà bien un sujet propre à inspirer à la poésie les mouvements les plus sublimes, les images les plus attendrissantes, les plus belles idées, les sentiments les plus délicats ! Il a dû singulièrement frapper une âme telle que celle de Nicolas. Mais ne semble-t-il pas qu'un pareil sujet échappe presque nécessairement à la peinture ? Voyons cependant quel parti en a su tirer Poussin.

Son tableau présentait cinq personnages : le guerrier, nu jusqu'à la ceinture, étendu sur sa couche funèbre ; le médecin, debout derrière le lit, et dont la main, posée sur le cœur d'Eudamidas, semble en compter les derniers battements. La mère du moribond tourne le dos à ce spectacle et verse des larmes, mais avec cette résignation que donne l'expérience des longues épreuves de la vie; la fille, assise sur un escabeau et appuyée sur les genoux de son aïeule, au bout du lit, s'abandonne sans réserve à la douleur, comme on le fait pendant la jeunesse: un peintre ne saurait se lasser d'admirer l'attitude naturelle, l'expression touchante et les savantes draperies de la jeune Corinthienne. Le cinquième personnage est le notaire, assis au premier plan, sur un escabeau, à côté du lit, et écrivant les dernières volontés d'Eudamidas. La ligne horizontale du lit relie au groupe des hommes ces deux femmes, qui se rattachent encore à la scène par une table antique, couverte de vases d'une extrême simplicité. Une pauvreté grave et digne règne d'ailleurs dans la demeure du mourant; sa lance, son glaive et son bouclier, suspendus à la muraille du fond, en constituent l'unique ornement.

Cet admirable tableau, postérieur sans doute aux deux *Extrême-Onction*, complète en quelque sorte la pensée de l'artiste, à l'époque où les pressentiments d'une mort encore lointaine et où les infirmités surtout contribuaient à donner à l'esprit de Poussin une disposition plus grave et plus mélancolique. D'un côté c'était le chrétien mourant au milieu des consolations que lui apporte la religion; de l'autre, c'était l'homme réduit aux secours de l'amitié.

Ce tableau avait aussi été fait pour M. de Chantelou.

CHAPITRE VI

Nouveaux travaux de Poussin. — Service qu'il rend à M. de Chantelou et aux peintres ses confrères. — Son désintéressement. — Scarron.

Il ne faut point omettre ici qu'après le retour de Poussin à Rome, les circonstances politiques et autres qui s'étaient produites avaient fait passagèrement oublier le paiement de plusieurs sommes qui lui étaient dues. De là pour lui encore un état de gêne qui le força de prier M. de Chantelou d'intervenir en sa faveur.

« Si c'était chose qu'avec le temps et l'occasion vous puissiez faire, lui dit-il dans sa lettre du 22 juin 1648, je vous en serais grandement obligé. Néanmoins, mon mal est de la qualité de la brûlure, à qui il faut incontinent appliquer le médicament pour en être bientôt guéri. »

Aussi le zèle de son fidèle protecteur ou plutôt de son ami dévoué permit-il au peintre de rentrer dans ses fonds et de se livrer bientôt avec une nouvelle ardeur à ses travaux.

Il avait promis au frère aîné de M. de Chantelou un *Baptême de saint Jean*, d'une petite dimension, et à M. Delisle un *Passage de la mer Rouge;* mais il ne voulut y travailler qu'après avoir achevé la deuxième *Suite des Sept Sacrements*, c'est-à-dire vers le milieu de l'année 1648.

Cependant des critiques amères s'étaient produites en France à l'occasion du tableau du *Baptême*, lequel était arrivé le troisième, peu de temps après les tableaux de la *Con-*

firmation et de l'*Extrême-Onction*, et avant celui de la *Pénitence*. Ces trois derniers étaient d'une grande richesse de composition et d'accessoires, dont la comparaison fit ressortir défavorablement l'austérité, cependant bien naturelle, du paysage que présentait le *Baptême*. M. de Chambray lui-même paraît, quelque bon connaisseur qu'il fût, avoir partagé l'opinion des détracteurs du peintre. Il rendit néanmoins, ainsi que son frère, complétement justice au tableau du *Sacrement de l'Eucharistie*, qu'on peut regarder comme un des meilleurs du maître.

Malheureusement, par une de ces influences involontaires, inexplicables, qui jouent parfois un rôle si fâcheux dans le cours de la destinée humaine, la première impression subsistait toujours chez M. de Chantelou, malgré toutes les justifications par lesquelles Poussin s'efforçait de la dissiper, tout en s'en plaignant un peu. Une nouvelle circonstance vint exciter l'injuste susceptibilité, on serait tenté de dire la singulière jalousie de l'ami pourtant si sincère de notre artiste. M. Pointel, riche banquier de Paris, était aussi lié avec Poussin. Il possédait plusieurs de ses tableaux : un *Moïse sauvé des eaux*[1], modèle du style le plus touchant et le plus gracieux; un paysage du *Polyphême*, composition hardie et fort poétique, dont le coloris est à la fois harmonieux, séduisant et sobre; une *Vierge aux dix figures*; un *Jugement de Salomon*[2]; *Notre-Seigneur et la Madeleine*; l'*Orage*, le *Temps serein*, et enfin, le fameux tableau d'*Eliézer et Rébecca*[3], où le peintre a su représenter treize jeunes filles dont chacune a une pose et une expression non moins variées qu'admirables. Quant aux

[1] Aujourd'hui au Louvre.

[2] Aussi au Louvre.

[3] Au Louvre. — Il y a, dit-on, une autre *Rébecca* au musée de Montpellier.

draperies de femmes, dit M. Charles Blanc[1], ce sont les plus fines, les plus élégantes que Poussin ait jamais trouvées. Ce fut surtout la vue du dernier et du premier de ces tableaux qui effaroucha M. de Chantelou, et il alla jusqu'à s'en plaindre à notre artiste, avec une certaine amertume, dans une lettre du mois de novembre 1647. Le peintre se montra blessé de reproches qu'il ne méritait pas, et son caractère si doux, si conciliant, si affectueux, ne l'empêcha point d'y répondre avec un juste sentiment de dignité. Il ajoutait, pour satisfaire son noble ami, qui lui demandait une *Vierge* : « Je me veux mettre la cervelle sens dessus dessous pour trouver quelque nouvelle invention, que j'exécuterai en son temps; le tout pour vous guérir de cette cruelle jalousie qui vous fait paraître une mouche comme un éléphant. »

A propos du *Moïse sauvé des eaux*, nous

[1] *Histoire des peintres*, art. POUSSIN.

devons dire ici que Poussin répéta plusieurs fois ce sujet, qu'il l'avait d'abord traité assez simplement en 1638, et qu'il l'avait ensuite orné de plus en plus par de nouvelles figures et de nouveaux accessoires. Ce dernier tableau de *Moïse*, qui, relativement à l'étendue du paysage, offre des figures d'une petite proportion, appartient moins au genre précisément historique qu'à la classe des paysages historiques.

C'est vers cette époque, c'est-à-dire après 1648, que notre artiste dut faire treize tableaux représentant un pareil nombre de scènes de la *Passion*. Nous en devons la connaissance au burin de Claudia Stella, nièce du célèbre peintre, que Poussin honorait de son amitié. A cet ensemble, qui n'a point été terminé, on joint d'ordinaire un *Ecce Homo* et un *Crucifiement*, dont la paternité n'est point douteuse ! Quant aux dix-sept autres compositions qu'on pense avoir été exécutées par Jacques Stella, comme complétant l'histoire de la *Passion*, elles n'ont jamais, malgré l'habileté avec laquelle ce peintre imitait la manière de celui qu'il considérait comme son maître, obtenu les honneurs de la gravure.

Parmi les caractères généraux de cette suite de compositions, nous trouvons l'expression dramatique portée au plus haut degré, particulièrement dans le *Lavement des pieds*, dans l'*Arrestation*, dans le *Reniement de saint Pierre*. De beaux effets de lumière au milieu de la nuit ajoutent plus de lugubre solennité à la scène du *Lavement des pieds*, plus de religieuse terreur à celle de l'*Arrestation*; l'ouragan qui, dans cette dernière scène, agite les feuilles et ploie les arbres, exprime bien le trouble de la nature en un pareil moment. Dans ces compositions, on peut trouver peu divin le galbe, trop courte la figure du Sauveur, du *plus beau des enfants des hommes* : mais il faut dire, sinon pour justifier entièrement notre artiste, au moins pour atténuer ce tort ou ce défaut, que Poussin, lorsqu'il avait à reproduire le type surhumain du Christ, se laissait toujours préoccuper, trop préoccuper peut-être, de l'idée de montrer l'humble habitant de Nazareth, l'*Homme de douleur*, sous les dehors conformes au caractère d'une victime, plutôt que de lui donner un éclat et une grandeur qui auraient fait penser au Thabor plus qu'au Calvaire. Du reste, dans ces sujets, et notamment dans l'*Arrestation*, la tête du Christ est noble et simple; l'expression de douceur et de résignation qui la distingue forme un contraste frappant avec les basses passions qu'accuse la physionomie des persécuteurs. La plus remarquable, la plus poétique de ces compositions est celle qui représente la *Prière au jardin des Oliviers*. Jésus anéanti et écrasé sous le poids de nos péchés, l'ange qui vient le soutenir, les instruments de la passion déposés entre les mains d'anges flottant sur les nuages, les apôtres endormis, les soldats qui arrivent, tout cela forme un ensemble auquel ne manque ni la vérité de l'expression, ni l'enchaînement des pensées, ni la combinaison des effets. On ne peut se dissimuler pourtant que la plupart de ces tableaux ne sont pas irréprochables et ne répondent pas à la grandeur des sujets.

Au milieu de tous ses travaux, Poussin ne s'épargnait aucune démarche, aucune peine pour procurer à M. de Chantelou des bustes et des fragments antiques qu'il faisait nettoyer ou restaurer, des copies qu'il faisait exécuter par des artistes plus ou moins dociles et plus ou moins exigeants, puis pour les lui expédier, malgré les difficultés de toute sorte que présentait alors l'exportation de semblables objets, à raison de la juste jalousie du gouvernement romain, de l'état des routes, de l'infidélité des commissionnaires, etc.

Assurément il est permis de croire que, malgré toute la délicatesse de sa reconnaissance pour M. de Chantelou, notre artiste regretta plus d'une fois que ces soins matériels lui dérobassent un temps précieux qu'il savait si bien employer; mais il avait une telle élévation, une telle générosité de caractère, qu'il étouffait ou surmontait ces regrets. C'était Poussin qui payait au nom et pour le compte du gentilhomme français les jeunes artistes qu'il faisait travailler.

Ainsi l'on voyait un simple particulier, secondé ou plutôt dirigé par un grand artiste, accomplir dès lors à Rome, sur une petite échelle, ce qui réclama plus tard l'intervention directe du gouvernement français et la mission active d'un directeur officiel! Exemple de plus de ce qu'une volonté forte et persévérante est capable de réaliser avec le concours du dévouement !

Il est aisé de comprendre que dans cette position Poussin exerça sur ses compatriotes à Rome une influence extrêmement utile, tant par l'intérêt véritablement cordial qu'il leur témoignait et les sages conseils qu'il leur donnait, qu'à raison de la supériorité qu'ils se plaisaient à lui attribuer.

Ainsi s'inauguraient librement, sous l'empire d'une supériorité incontestée, des traditions précieuses, qui se conservèrent ensuite, dès 1666 (époque de la fondation de l'école française des beaux-arts à Rome), et qui ne cessèrent de se développer jusqu'aujourd'hui, dans cette école, d'où sont sortis la plupart de nos grands artistes en tous genres. On aime singulièrement à reconnaître que si Nicolas était tout naturellement parvenu à ce haut rang, loin de se laisser éblouir, il mettait toujours sa modestie au niveau, sinon au-dessus de la juste opinion qu'il avait de sa valeur propre. Comme tous les hommes vraiment supérieurs, il devait, non pas à la fierté, mais à l'élévation de son caractère, bien plus qu'à la respectueuse estime dont il se voyait entouré, ce sentiment d'une dignité sereine, calme et résolue à la fois, qui assure à la vie tant de grandeur, en dépit de tous les orages qui peuvent l'assaillir. Nous en trouvons une preuve, à côté du rare désintéressement avec lequel il fixait le prix de ses tableaux, dans la fermeté, dans l'honorable insistance avec laquelle il savait, à l'occasion, réclamer sans fausse honte ce qui lui était légitimement dû.

Quant à son désintéressement, « mettant, dit Félibien, un prix raisonnable à son travail, Poussin était si régulier à ne prendre que ce qu'il croyait lui être légitimement dû, que plusieurs fois il a renvoyé une partie de ce qu'on lui donnait, sans que l'empressement qu'on avait pour ses tableaux et le gain que quelques particuliers y faisaient lui donnassent envie d'en profiter. » C'est pour cela qu'il n'acceptait presque jamais, et encore seulement après discussion et sous certaines réserves, un prix plus élevé que celui qu'il avait fixé lui-même, et ce prix était toujours inférieur à celui qu'auraient fixé d'autres artistes. Il en résulta que la richesse ne visita point sa demeure; mais au moins ne souffrit-il de la gêne, après son retour en Italie, qu'à de courts intervalles, d'autant plus que, si nous en croyons Baldinucci, nous transmettant le témoignage du peintre normand lui-même, la cour de France voulut continuer à lui payer, jusqu'à sa mort, ses appointements de peintre ordinaire du roi.

En 1650, le célèbre Scarron, qui depuis longtemps sollicitait l'honneur de posséder une œuvre du grand artiste, obtint enfin, de guerre las, non point le sujet bachique,

que Poussin s'était d'abord proposé de traiter pour l'auteur du *Roman comique* et du *Virgile travesti*, mais un nouveau *Ravissement de saint Paul*, où le maître semble avoir voulu se surpasser lui-même.

C'est en cette même année 1650 que, malgré sa répugnance pour ce genre de travail, il termina pour M. de Chantelou son propre portrait[1], qu'il avait déjà fait, quelque temps auparavant, pour M. Pointel. C'est une peinture exécutée dans une demi-teinte un peu sombre, tout à fait en harmonie avec l'âge du peintre, son caractère réfléchi, sa physionomie grave et son esprit sérieux, en un mot, avec la nature du génie dont toutes ses œuvres portent la profonde empreinte.

Ces portraits et celui du cardinal Rospigliosi (élevé en 1667 au pontificat sous le nom de Clément IX) sont les seuls qu'ait

[1] Au Louvre.

produits le pinceau de Poussin, outre peut-être un portrait du sculpteur Duquesnoy dit *le Flamand*[1].

[1] Le comte Cowper, en Angleterre, possède ce tableau. Le portrait du cardinal Rospigliosi se trouve au musée de Montpellier.

CHAPITRE VII

Caractère du génie de Poussin. — Ses derniers travaux. — Quelques anecdotes.

Lorsque, après avoir étudié avec quelque attention l'œuvre de Poussin, on s'applique à bien connaître, à pénétrer le caractère, le fond du portrait du grand maître, il semble que ce qui frappe d'abord, c'est l'intime et forte personnalité qui y respire. Ici, évidemment, le peintre et l'homme se tiennent de près, ou plutôt ne forment qu'un seul être : c'est bien la réalisation de l'idée qu'on doit se faire du véritable artiste, idée trop souvent, au contraire, défigurée et rendue méconnaissable. Mais quelle est l'expression la plus générale, la plus concrète qui ressort et de l'œuvre et du portrait? quelle est la note tonique ou fondamentale de cette vaste et harmonieuse symphonie? « Ce qui semble dominer chez le chef de l'école française, dit M. Bouchitté, c'est un mélange de christianisme et de stoïcisme, qui explique aussitôt tout le pathétisme de son talent. » Aussi ne recourait-il guère, dans le choix de ses sujets, qu'aux périodes historiques de l'antiquité chrétienne ou païenne, et dédaigna-t-il toujours les sujets modernes, moins favorables à l'idéal, peut-être parce que la perspective de l'éloignement leur manque, parce que la pénombre des mesquines réalités du présent en obscurcit les clartés. Sans doute Poussin a dû plus d'une fois ses idées ou ses images aux sources de la mythologie : c'était même plus naturel pour lui que pour tout autre, à cause de l'étude opiniâtre qu'il avait faite de l'antique, étude qui rappelait sans cesse son imagination sur les divinités de l'Olympe. N'oublions pas, d'ailleurs, qu'à cette époque, l'archéologie chrétienne n'avait point encore fait à Rome ses précieuses découvertes. Mais, sous le pinceau de Nicolas, les réminiscences de la fable prennent, en général, non pas un charme pudique qu'elles ne sauraient avoir, mais une sorte de décence, au moins relative, qui permet à l'innocence de ne presque point rougir, et c'est à peu près tout ce qu'on peut exiger ici. Ajoutons, pour être dans le vrai, que notre peintre s'est laissé parfois entraîner à certaines représentations blâmables, payant ainsi son tribut au mauvais goût introduit par la Renaissance. Néanmoins on observe aisément que l'auteur ne marche sur ce terrain qu'avec précaution et réserve; on remarque surtout que le nombre de ses productions en ce genre diminue à mesure qu'il avance en âge, et que son mâle génie tend de plus en plus à l'unité. « Il est certain, dit encore M. Bouchitté, que l'histoire de la religion était le champ sur lequel la pensée du peintre s'étendait et se repliait avec le plus de plaisir et le plus de fruit. La manière supérieure avec laquelle il traita les sujets sacrés en est une preuve sans réplique. Or cette prédilection qu'il témoigna pour les sujets tirés des livres saints, ce sentiment de conviction manifeste avec lequel il les traite, attestent en même temps, d'une part, le caractère religieux de l'homme, d'autre part, la sincérité du rapport étroit qui existait entre l'expression peinte de la pensée de l'artiste et sa pensée elle-même. »

« Pour ce génie élevé, dit encore ailleurs M. Bouchitté, les sentiments religieux étaient la nourriture de l'âme avant d'être l'objet à exprimer par le pinceau. »

Sans nous arrêter davantage à ces considérations générales, continuons à observer le développement de l'œuvre du grand maître.

C'est dans les années qui suivirent 1650 que Poussin peignit le paysage de *la Peur* et les deux sujets des *Obsèques de Phocion* et des *Restes de Phocion expulsés de l'Attique*. Notre immortel Fénelon a consacré deux de ses *Dialogues des morts* à ces tableaux, dont nous avons malheureusement perdu la trace.

C'est alors aussi qu'il exécuta les deux compositions dites *l'Arcadie*[1]. Décrivons la meilleure, celle qu'on voit au Louvre. Ici le peintre nous transporte au milieu des souvenirs de la Grèce poétique, mais c'est pour nous donner une leçon sur le néant de la vie. Trois bergers, accompagnés d'une femme, errent dans une belle contrée, lorsque tout

[1] Delille, un poëte que nos contemporains nous paraissent vouloir placer trop bas, a traité ce sujet au IVe chant de son poëme *les Jardins*.

à coup ils sont arrêtés par la vue d'un tombeau, sur lequel l'un d'eux découvre ces mots fatidiques : *Et in Arcadia ego* (Et moi aussi j'ai habité l'Arcadie!...) C'est-à-dire : « Moi aussi, j'ai, comme vous, habité ce riant pays, et cependant la mort ne m'a point épargné. Attendez-vous à un sort semblable! » La simplicité du paysage, l'élégante et noble figure de la femme, appuyée sur l'un des jeunes pâtres, l'heureuse disposition et l'attention expressive des personnages, la beauté des poses et le caractère antique de toute la composition, ont placé ce tableau parmi les plus célèbres de notre artiste.

En ce même temps on voit encore Poussin peindre pour M. de Chantelou aîné le petit tableau du *Baptême de saint Jean*, sujet qu'il avait déjà traité plusieurs fois; pour M. de Mauroy, ambassadeur de France à Rome, une *Assomption*[1], comparable au meilleur

[1] Aujourd'hui au musée du Louvre.

des deux *Ravissement de saint Paul* et une *Nativité;* pour M. Pointel, une *Apparition de Jésus-Christ à la Madeleine* ; pour Le Nôtre, la composition si dramatique de la *Femme adultère*[1]; pour Stella, le *Moïse exposé sur les eaux*, tableau si remarquable par la richesse du paysage et l'expression des parents du prophète. Citons de plus : *Mort de Saphire* et *les Aveugles de Jéricho*[2]; *le roi Mydas*[3], tableau digne d'être comparé aux meilleures *Bacchanales* du maître ; un *Moïse enfant, foulant aux pieds la couronne de Pharaon*, tableau fait à la demande du cardinal Massimi ; un *Repos de la Vierge en Egypte*, qui se distingue par la vue d'un temple d'Anubis et d'un cortége de prêtres égyptiens; un *Diogène jetant sa tasse à la vue d'un jeune homme qui boit au bord*

[1] Aussi au Louvre.

[2] On peut voir l'un et l'autre de ces tableaux au Louvre.

[3] Maintenant à Munich.

d'un ruisseau[1] ; le beau tableau de *Pyrame et Thisbé*, où l'orage et le vent sont si bien peints ; la mort d'*Eurydice piquée par un serpent, tandis qu'Orphée chante auprès d'elle les louanges des dieux*[2]; plusieurs *Sainte Famille*, que fit demander la vue de la *Rebecca*.

Poussin fit en 1656, pour le duc de Créqui, un *Achille à Scyros*; en 1657, une *Naissance de Bacchus* pour Stella, et une *Fuite en Egypte* pour M. Cérisiers; en 1658, un *Orion aveuglé par Diane*, pour M. Passard, et un peu plus tard, une autre *Fuite en Egypte*, pour Mme de Chantelou; vers le même temps, pour le cardinal Rospigliosi, un *Ballet de la vie humaine*, où l'on voit *le plaisir et le travail, la richesse et la pauvreté dansant au son de la lyre du Temps*; enfin, en 1662, pour Mme de Chan-

[1] Au Louvre.

[2] Au Louvre.

telou, une *Samaritaine*, dernière composition de figures sortie de l'atelier de Nicolas. « Vous devez, dit-il avec une simplicité touchante en l'envoyant, vous devez considérer que j'y ai employé, avec tout ce qui me reste de forces, la bonne volonté que j'ai toujours eue de vous bien servir. Souvenez-vous des signes d'amitié que j'ai en plusieurs occasions reçus de votre bonté; j'espère que vous me les continuerez jusqu'à ma fin, à laquelle je touche du bout de mon doigt; je n'en puis plus. »

Le courageux artiste continua néanmoins à travailler encore un peu, jusqu'en 1664, année dans laquelle il acheva pour le duc de Richelieu quatre paysages représentant les *Quatre Saisons*[1]; mais on pourrait plus justement les appeler quatre compositions historiques, à raison des grandes scènes qu'y fit entrer l'immortel artiste. On cons-

[1] Au Louvre.

tate peut-être, avec tristesse, dans l'exécution de ces quatre sujets, un certain affaiblissement de la main, causé chez le peintre par l'âge et les infirmités; mais on ne saurait y trouver que le génie de l'artiste en eût reçu la moindre atteinte; et la vue de cet affaiblissement, loin de diminuer l'effet que produisent quatre tableaux si remarquables et par la grandeur de la conception et par la richesse des détails et par la beauté de l'exécution, rend cet effet d'autant plus saisissant; car on n'ose plus, avec raison, rien attendre de ce pinceau si puissant que l'inexorable mort s'apprête à briser.

Le *Printemps* représente Adam et Eve avant leur chute, au sein du paradis terrestre : c'est certainement le printemps le plus magnifique qui ait fleuri sur la terre ! Le tableau de l'*Eté* n'est pas moins splendide : c'est la représentation du touchant épisode de Ruth et Booz. Dans l'*Automne*, le peintre a représenté la terre de Chanaan au moment où les Israélites vont quitter le désert. Mais dans la description ou la peinture de l'*Hiver* ou du *Déluge*, l'auteur est aussi sublime que l'événement est terrible, malgré l'extrême simplicité des détails. Comme ce ciel est sombre ! Comme cette nature est désolée ! Comme cette mer sans limites est profonde ! Tous les moyens de salut sont inutiles dans une pareille catastrophe. Ah ! cet homme qui, du haut de la proue d'une barque entraînée par les flots, lève ses mains suppliantes vers le ciel, a bien raison de ne plus s'amuser, comme dans le *Déluge* du Carrache, à redresser ses agrès ! Lorsque tout va disparaître, et que l'arche seule surnage en sûreté, une pauvre mère, au milieu de diverses scènes d'égoïsme ou de terreur, songe encore, hélas ! en vain, à tâcher de sauver son enfant, qu'elle tend à son mari... qui ne peut l'atteindre ! Un peu plus loin, le serpent, complice de l'antique ennemi du genre humain, rampe sur les rochers qui dominent un dernier instant les flots.

Telle fut la dernière production du grand artiste.

Il paraît que Poussin s'était plusieurs fois proposé, comme il l'a lui-même écrit, de composer un petit ouvrage, d'*ourdir des observations* (c'est son langage) *sur le fait de la peinture ;* mais il est certain qu'il a dû renoncer à ce projet, tant à cause de l'affaiblissement trop rapide de sa santé que par suite des occupations multiples que lui imposait la manière si sévèrement consciencieuse avec laquelle il pratiquait son art. Nous n'avons malheureusement de lui, là-dessus, que peu de fragments détachés et quelques notes éparses dans sa correspondance.

On éprouve nous ne savons quel charme mélancolique à considérer Poussin à cette époque, s'abstrayant de plus en plus des banalités du dehors, dans cette vie grave et recueillie qu'il s'était faite près de son Anne-Marie, ne cessant de se livrer à ses travaux autant que ses forces le lui permettaient, et ne e mandant guère un peu de repos ou de distraction qu'à des promenades faites tantôt le matin, tantôt vers le soir, le plus souvent avec quelques amis, sur ces terrasses du Mont-Pincio (autrement dit le mont de la Trinité), d'où la vue s'étend sur la vallée du Tibre, sur les montagnes de la Sabine, du Latium et de l'Etrurie. » En ces moments-là, dit Bellori, l'un de ses auditeurs, sa conversation était telle qu'on eût cru ses discours préparés et médités. « On y remarquait toujours, indépendamment de ses grandes idées sur l'art, ce sens droit et judicieux qu'il apportait dans toutes ses opinions, et cette philosophie pratique qui lui faisait dire avec tant de bonhomie : « Le fruit le meilleur que m'ait procuré l'expérience, c'est de savoir vivre avec tout le monde. » Comme on jouit du contraste que présente ce doux spectacle avec celui des allures dévergondées, des habitudes luxueuses et des agitations bruyantes qu'affectent trop souvent, si encore ils ne se déshonorent point par le vice, certains hommes pour qui l'art n'est qu'un prétexte commode, un voile complaisant, à l'abri duquel ils bravent toutes les convenances sociales et foulent aux pieds les devoirs les plus sacrés ! Ce qui alors vient envelopper l'âme d'un nuage de tristesse, c'est la perspective trop prochaine du terme inévitable contre lequel doit se briser bientôt non plus l'avenir, mais le présent même, fût-il le plus glorieux, d'un homme pour lequel ne reste déjà plus que le passé.

A cette dernière époque de sa vie, voilà encore Poussin tel qu'il est depuis longtemps ; voilà cet artiste si sérieux, cet homme si droit, si simple, toujours si fidèle aux devoirs de la famille, de l'amitié, de la reconnaissance, du patriotisme, et non moins indépendant des règles conventionnelles sous lesquelles nous courbons plus ou moins machinalement un front docile. Cette manière de vivre explique l'anecdote suivante :

Un jour que Mgr Camille Massimi, qui a été depuis cardinal, était allé faire visite au peintre français, il arriva que la conversation se prolongea bien avant dans la nuit. Quand le visiteur voulut se retirer, Poussin l'accompagna lui-même jusqu'à la porte, avec une lampe à la main, comme eût pu faire le plus humble bourgeois. « Je vous plains, dit le noble personnage, de n'avoir pas seulement un valet pour vous servir. — Et moi, Monseigneur, repartit Poussin, je vous plains bien davantage de ce que vous en ayez plusieurs. »

La conversation et la correspondance de Poussin, dont le tour original et la variété instructive séduisaient tous les hommes distingués de son temps qui avaient été à même de l'apprécier, puisaient surtout leurs ressources dans les nombreuses lectures dont il avait nourri son esprit, et dans les études approfondies par lesquelles il avait développé en lui la connaissance de son art. Ainsi fécondée, sa pensée, naturellement élevée, atteignit plus d'une fois le sublime, jusque dans les entretiens les plus familiers. En voici un exemple. Se promenant un jour au milieu des ruines avec un étranger désireux d'emporter quelque précieux fragment, « je veux, lui dit Poussin, vous donner la plus belle antiquité qu'on puisse désirer. » Puis il ramassa dans l'herbe un peu de sable, des restes de ciment mêlés à de petits morceaux de porphyre et de marbre presque réduits en poudre, et les donnant à son compagnon, il lui dit : « Seigneur, emportez cela, et dites : Cette poussière est l'ancienne Rome ! »

Poussin eut jusqu'à la fin de sa vie cette noble passion de l'étude. « J'ai souvent admiré, dit Vigneul-Marville (autrement nommé le Chartreux Bonaventure d'Argonne), dans les *Mélanges d'histoire et de littérature*, j'ai souvent admiré l'amour extrême que cet excellent peintre avait pour la perfection de son art. A l'âge où il était (Vigneul, qui avait rencontré d'abord Poussin chez le commandeur del Pozzo, l'avait connu fort âgé), je l'ai rencontré parmi les débris de l'ancienne Rome, et quelquefois dans la campagne et sur les bords du Tibre, qui dessinait ce qu'il trouvait le plus à son goût. Je l'ai vu aussi qui rapportait dans son mouchoir des cailloux et de la mousse, des fleurs et d'autres choses semblables, qu'il voulait peindre exactement d'après nature. Je lui demandai un jour par quelle voie il était arrivé à ce haut point de perfection qui lui donnait un rang si considérable entre les plus grands peintres d'Italie.

Il me répondit simplement : « Je n'ai rien » négligé. »

Ce mot est la réfutation catégorique de ceux qui n'ont aperçu dans ses tableaux, avec Mengs, que de simples esquisses, ou avec d'Argenville, que des compositions idéales, non prises dans l'observation de la nature.

CHAPITRE VIII

Dernière maladie et mort de Poussin. — Honneurs qu'on lui rendit à sa mort et depuis.

Nous avons vu que, malgré ses infirmités et ses souffrances, le peintre des Andelys termina en 1664 l'œuvre des *Quatre Saisons*. Au commencement de novembre de la même année, il perdit sa femme, cette Anne-Marie Dughet, qui ne lui avait pas donné d'enfants, mais dont la tendresse l'avait si bien soutenu dans ses découragements et avait tant adouci pour lui les amertumes de la carrière artistique. Ecoutons-le raconter ce malheur à M. de Chantelou :

« Je vous prie, dit-il à son ami, de ne pas vous étonner s'il y a tant de temps que j'ai eu l'honneur de vous donner de mes nouvelles. Quand vous connaîtrez la cause de mon silence, non-seulement vous m'excuserez, mais vous aurez compassion de mes misères. Après avoir, pendant neuf mois, gardé dans son lit ma bonne femme, malade d'une toux et d'une fièvre d'étisie qui l'ont consumée jusqu'aux os, je viens de la perdre, quand j'avais le plus besoin de son secours. Sa mort me laisse seul, chargé d'années, paralytique, plein d'infirmités de toutes sortes, étranger et sans amis... Voilà l'état auquel je suis réduit : vous pouvez vous imaginer le demeurant. On me prêche la patience, qui est, dit-on, le remède à tous les maux; je la prends comme une médecine qui ne coûte guère, mais aussi qui ne me guérit de rien. Me voyant dans un semblable état, lequel ne peut durer longtemps, j'ai voulu me disposer au départ. J'ai fait pour cet effet un peu de testament, par lequel je laisse plus de dix mille écus à mes pauvres parents qui demeurent aux Andelys. Ce sont gens grossiers et ignorants.... Je vous viens supplier de leur prêter la main.... etc.... il me faut huit jours pour écrire une méchante lettre, peu à peu, deux ou trois lignes à la fois, etc. »

Au mois de janvier suivant, voici en quels termes il écrit à Félibien : « Il y a quelque temps que j'ai abandonné les pinceaux, ne pensant plus qu'à me préparer à la mort; j'y touche du corps, c'est fait de moi. »

Bientôt un abcès se joignit à ses autres maux, et la brusque arrivée d'un petit-neveu, dont les procédés indélicats démasquèrent les convoitises, aggrava encore la situation du malade, à tel point qu'il demanda les derniers sacrements de l'Eglise, en homme qui avait toujours mené une vie très-chrétienne. D'après une lettre que Jean Dughet écrivit à M. de Chantelou, à la fin de novembre 1665, Poussin les reçut, comme il y avait lieu de s'y attendre, avec des sentiments de piété tels que les prêtres eux-mêmes qui l'assistaient ne purent retenir leurs larmes. Par la même lettre, le beau-frère de l'illustre défunt annonçait au noble ami de la famille la perte irréparable qui venait de la frapper. Nicolas Poussin avait succombé vers le milieu du jour, le 19 novembre, âgé de soixante et onze ans et cinq mois.

Pour ceux de nos lecteurs qui ne connaîtraient pas le portrait de Poussin, nous leur mettrons sous les yeux ces paroles de Félibien[1] :

« Son corps était bien proportionné; sa

[1] Cette citation, comme les autres du même auteur, est extraite du célèbre ouvrage intitulé : *Entretiens sur la vie et les ouvrages des meilleurs peintres modernes.*

taille haute et droite. L'air de son visage, qui avait quelque chose de noble et de grand, répondait à la beauté de son esprit et à la bonté de ses mœurs. Il avait, s'il m'en souvient, la couleur du visage tirant sur l'olivâtre, et ses cheveux noirs commençaient à blanchir lorsque nous étions à Rome. Ses yeux étaient vifs et bien fendus, le nez grand et bien fait, le front spacieux et la mine résolue. » — « Vous pouvez vous souvenir, ajoute cet écrivain, et nous le laisserons volontiers parler encore comme étant l'un des plus sincères admirateurs du grand artiste et comme l'ayant beaucoup fréquenté, vous pouvez vous souvenir qu'il disait assez volontiers ses sentiments : mais c'était toujours avec une honnête liberté et beaucoup de grâce. Il était extrêmement prudent dans toutes ses actions, retenu et discret dans ses paroles, ne s'ouvrant qu'à ses amis particuliers; et lorsqu'il se trouvait avec des personnes de grande qualité, il n'était point embarrassé dans la conversation; au contraire, il paraissait, par la force de ses discours et par la beauté de ses pensées, s'élever au-dessus de leur fortune. »

Son corps fut porté le lendemain à l'église Saint-Laurent-in-Lucinâ, sa paroisse, au milieu d'un immense concours d'amateurs des beaux-arts. Toujours mû par la même modestie, il avait, dans son testament [1], demandé que les frais de ses funérailles ne s'élevassent point à plus de vingt écus, bien

[1] On voit par cette pièce combien l'âme du testateur était profondément chrétienne. Avant de dicter ses dernières dispositions au notaire, et de régler avec un soin minutieux l'emploi qui doit être fait de sa fortune (environ 50,000 livres), il y recommande son âme à la sainte Vierge, aux saints apôtres Pierre et Paul, à son ange gardien et à toute la cour céleste.

50,000 livres! C'est tout ce que Poussin avait su gagner et économiser dans une vie si longue, si régulière et si laborieuse. Plus heureux encore que tant de grands hommes que leur génie n'a pu préserver des étreintes de la misère! De ce chiffre de 50,000 livres, somme déjà, du reste, considérable pour ce temps-là, il nous paraît curieux de rapprocher celui auquel que, il faut le dire, la famille Dughet ait voulu, par respect et affection, y dépenser le triple de cette somme.

Un quatrain de Bellori et une épitaphe par l'abbé Nicaise, chanoine de Dijon, l'un et l'autre en latin, marquaient l'emplacement du tombeau du grand peintre. Dès 1667 l'Académie de peinture de France, à son tour, rendit au défunt des hommages qui prouvent avec quelle confiance elle poussait les jeunes artistes à l'étude et à l'imitation de ses œuvres. Durant plusieurs années, les membres les plus habiles de l'Académie se plurent à faire de ses tableaux l'objet de leurs discussions approfondies, pour y chercher des modèles d'inspiration vraie et des règles sûres.

s'est élevée sous la restauration, d'après M. Charles Blanc, l'estimation des *trente-neuf* tableaux que possédait alors le musée du Louvre, sur les *trois cent quarante-deux* ouvrages du maître. Cette estimation montait (il y a quarante ans) à la bagatelle de 2,504,000 francs.

Plus tard, en 1782, Seroux d'Agincourt fit placer au Panthéon de Rome le buste de son compatriote, exécuté par Segla, avec cette inscription, aussi éloquente que laconique : *Pictori gallo;* et en 1796, une statue en marbre fut commandée à Julien par le Directoire, qui, en attendant, fit frapper une médaille en l'honneur de Poussin.

C'était bien peu vraiment pour la France! Un diplomate qui était aussi un poëte, M. de Chateaubriand, lui qui avait un si profond instinct des belles choses, voulut, lorsqu'il était à Rome, commencer à mieux payer une dette nationale. Chateaubriand fit ériger au peintre des Andelys, dans la même église Saint-Laurent, un mausolée exécuté par des artistes français. Le dessin du monument, ainsi que le buste qui l'accompagne, est de P. Lemoyne. Le paysage si touchant de l'*Arcadie*, par une heureuse inspiration de l'auteur des *Martyrs*, y est reproduit dans un bas-relief.

Enfin, le 15 juin 1851, jour anniversaire de la naissance de notre artiste, sa statue en bronze, due au ciseau de M. Brian, et fondue par M. Paillart, a été solennellement érigée, à la suite d'une souscription, sur la place principale du Grand-Andely.

Nous avons rendu compte de quelques-uns des principaux ouvrages de notre artiste, au fur et à mesure que nous les avons rencontrés sur notre route, en suivant les grandes évolutions de sa vie. Mais nous sommes loin d'avoir eu l'occasion de signaler ou seulement de nommer toutes les œuvres sorties d'un pinceau dont la fécondité est comparable à celle de Rubens ou de Murillo. Le nombre ne s'en élève pas, en effet, sans compter les dessins, à moins de trois cent quarante-deux, d'après le catalogue général qu'en a dressé l'Anglais John Smith[1]. D'après la classification plus ou moins rigoureuse qu'adopte cet auteur, il faudrait diviser de la manière suivante les tableaux du maître: quarante sujets tirés de l'Ancien Testament et cent dix du Nouveau, vingt sujets de l'histoire ancienne et quatre-vingt-douze de la mythologie; onze sujets allégoriques et trois portraits; enfin, cinquante-huit paysages, scènes de fantaisie ou scènes classiques, maintenant épars dans toute l'Europe.

Notre intention ne saurait être ici de revenir sur nos pas pour compléter l'histoire et l'examen critique de tant d'œuvres plus ou moins importantes. D'ailleurs ne serait-il pas impossible, après tant de bouleversements politiques, après les révolutions

[1] Dans son intéressant travail *sur les Peintres allemands, flamands et français*.

et les transformations qui se sont coup sur coup acccomplies en Europe depuis un siècle, de retrouver la trace, de suivre les migrations de chacune des œuvres de bien des hommes qui auraient cependant le droit d'obtenir de la postérité autre chose que des *éloges de redite?*

Voilà donc l'immortalité de la gloire que sont capables de décerner les hommes! Quelle humiliante réflexion, qui n'est pourtant que le résultat de l'aperçu le plus vrai! Tandis que la merveilleuse découverte de l'imprimerie nous permet de reproduire indéfiniment, avec une exactitude qu'on pourrait appeler mathématique, les chefs-d'œuvre de la poésie ou de la musique, le récit précis des plus hauts faits de l'histoire, etc., quel moyen la sculpture et la peinture ont-elles pour échapper à un naufrage final? La gravure, dira-t-on. Mais, qu'on veuille bien l'observer, le plus habile graveur ne sait parler qu'un langage incolore qui frappe médiocrement les yeux. Puis, que d'œuvres, même remarquables et toujours remarquées à l'époque où elles ont paru, que d'œuvres la gravure ne reproduit pas!

Consolons-nous en ajoutant que les principaux mérites du peintre des Andelys consistant dans la composition et dans l'expression, ses tableaux sont de ceux qui perdent le moins à la gravure, et l'on peut étudier à la Bibliothèque impériale ce qu'on ne trouve point dans les musées.

FIN

TABLE

AVANT-PROPOS 5

CHAPITRE I. Naissance et jeunesse de Poussin. 7

CHAPITRE II. Poussin à Rome. — Ses débuts. — Sa maladie 21

CHAPITRE III. Guérison de Poussin. — Son mariage. — Ses premiers travaux . . . 44

CHAPITRE IV. Poussin à Paris. — Son retour à Rome 64

CHAPITRE V. Poussin fixé à Rome. — Les deux *Suites des Sept Sacrements*. — *Eudamidas* . . . 78

CHAPITRE VI. Nouveaux travaux de Poussin. — Services qu'il rend à M. de Chantelou et aux peintres ses confrères. — Son désintéressement. — Scarron 96

CHAPITRE VII. Caractère du génie de Poussin. — Ses derniers travaux. — Quelques anecdotes. 111

CHAPITRE VIII. Dernière maladie et mort de Poussin. — Honneurs qu'on lui rendit à sa mort et depuis 129

— LILLE. TYP. J. LEFORT. MDCCCLXVIII. —

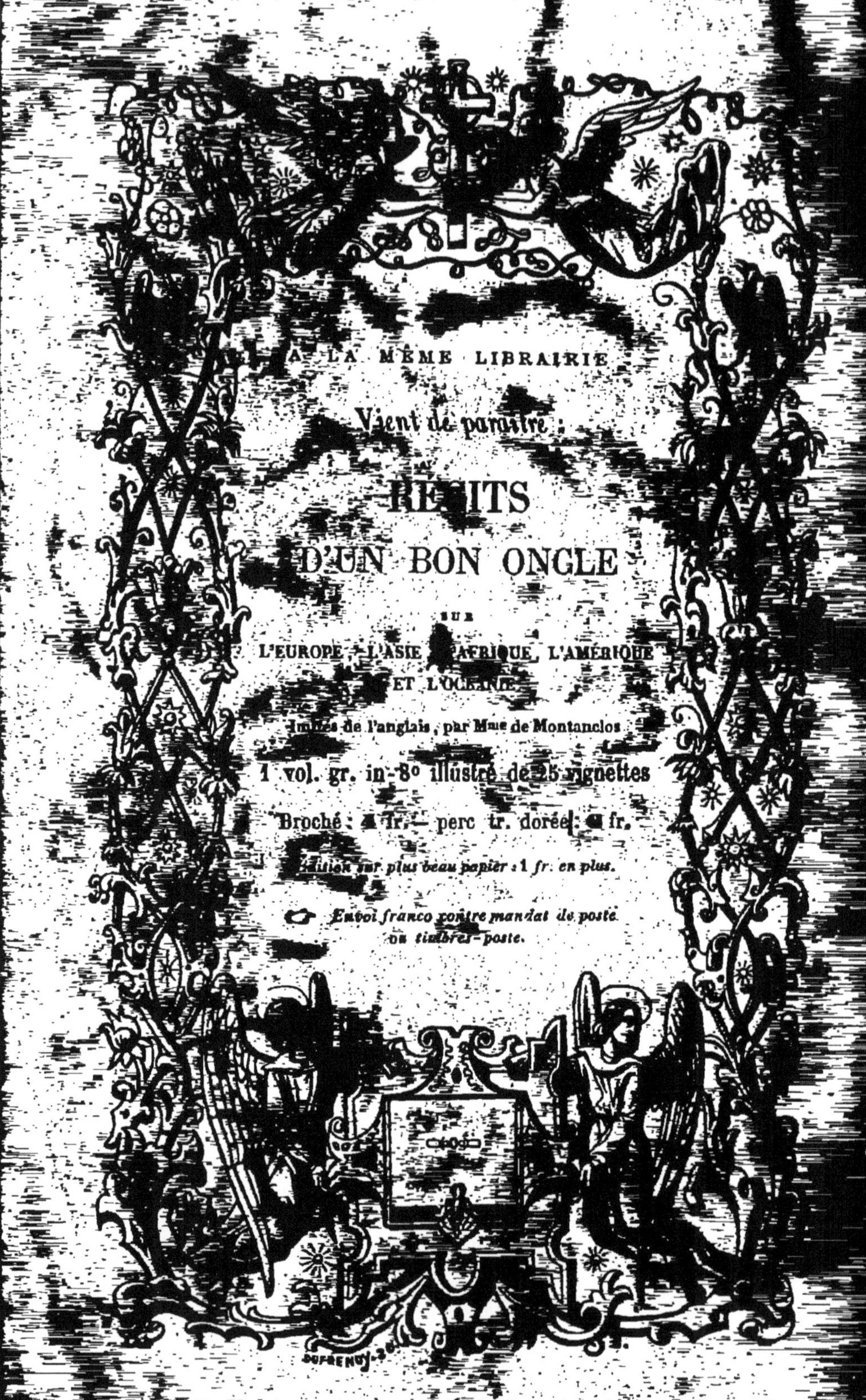
A LA MÊME LIBRAIRIE
Vient de paraître :
RÉCITS
D'UN BON ONCLE
SUR
L'EUROPE, L'ASIE, L'AFRIQUE, L'AMÉRIQUE
ET L'OCÉANIE
Imités de l'anglais, par Mme de Montanclos
1 vol. gr. in-8° illustré de 25 vignettes
Broché : 4 fr. — perc tr. dorée : fr.
Édition sur plus beau papier : 1 fr. en plus.
Envoi franco contre mandat de poste
ou timbres-poste.
DUFRENOY

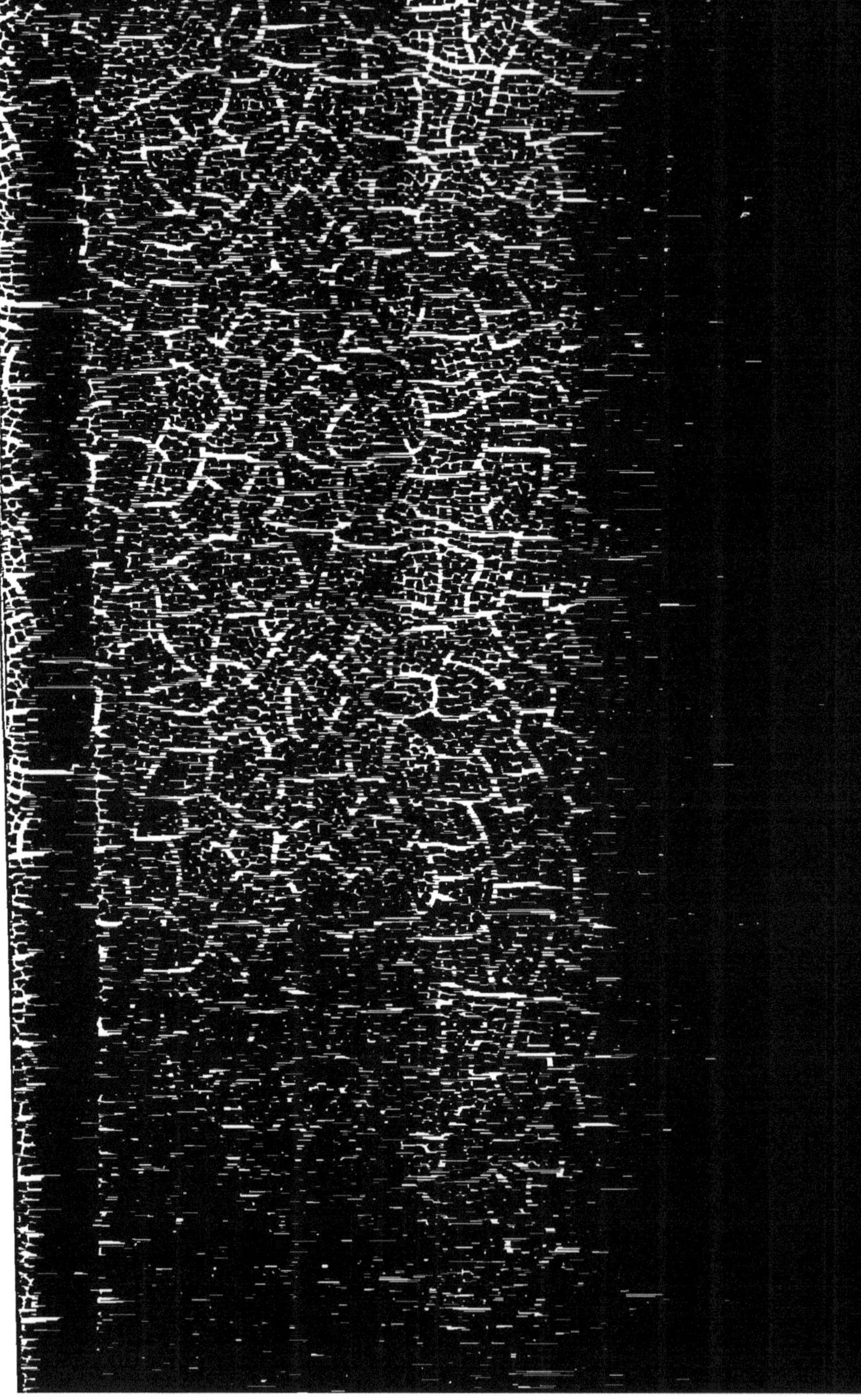

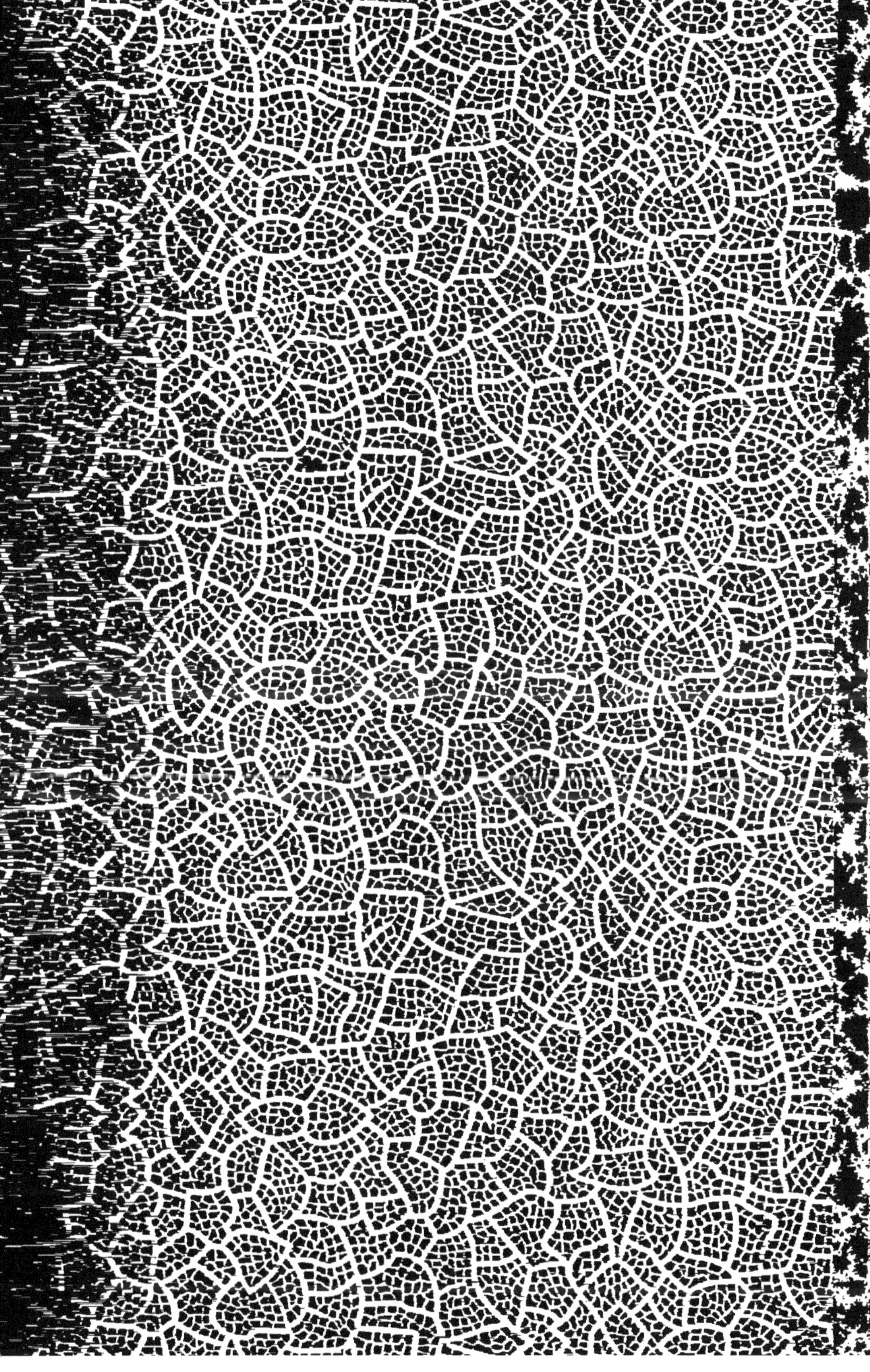